English for Tourists

Phrase & Reference Book

Silvia Stephan

Das vorliegende *Phrase & Reference Book* ist nicht nur ein wichtiger Bestandteil des Lehrbuches *English for Tourists*, sondern dient auch als Reisebegleiter und wurde entsprechend übersichtlich und in beiden Sprachen zusammengestellt. Es wird dabei allen wichtigen Situationen Rechnung getragen, mit denen Reisende in einem englischsprachigen Land, aber auch in allen Ländern, in denen Englisch Verkehrssprache ist, konfrontiert werden.

Redewendungen/Set phrases
sollen die Verständigung in wichtigen Situationen, wie auch in kleineren Gesprächen des touristischen Alltages möglich machen. Hier gilt es nicht, Sätze auswendig zu lernen, sondern die Struktur der englischen Sprache kennen zu lernen und auf natürliche Art anzuwenden; ab Seite **3**.

Gut zu wissen/Good to know
gibt Ihnen einen Überblick der Zahlen, Wochentage, Monate, Farben und Nationalitäten wie auch Hinweise zur Angabe von Uhrzeit und Datum; ab Seite **16**.

Wörterbücher/Dictionaries
in *Deutsch/English* und *English/Deutsch* geben Ihnen den Wortschatz der Vokabelliste Unit 1 – 10 von *English for Tourists* und decken die meistgebrauchten Wörter des touristischen Alltages ab; *Deutsch/English* ab Seite **19**, *English/Deutsch* ab Seite **40**.

Chronologische Vokabelliste/Vocabulary
in Englisch/Deutsch, sie basiert auf dem Inhalt der Units von *English for Tourists* und ist für die Teilnehmer/innen eines Kurs mit diesem Lehrwerk von Wichtigkeit. Dabei unterstützen die englischen Satzbeispiele das Verständnis und das Lernen der neuen Wörter. Daher kann dieser Teil des *Phrase & Reference Book* auch für Selbstlerner/innen hilfreich sein; ab Seite **61**.

Grammatik/Grammar
dieser Teil am Ende des Heftes hilft, die Strukturen der Redewendungen für die Reise zu verstehen und aufzufrischen; ab Seite **102**.

Have a good journey – das wünschen Ihnen die Autorin und die Verlagsredaktion!

REDEWENDUNGEN / SET PHRASES (SITUATIONS)

1 Am Flughafen und im Flugzeug

Am Flughafen

Dies ist mein Koffer/Gepäck.	This is my suitcase/luggage.
Ich habe nur Handgepäck.	I only have hand luggage.
Könnte ich bitte einen Fensterplatz haben?	Could I have a window seat, please?
Könnte ich einen Platz im vorderen Teil haben?	Could I have a seat at the front, please?
Kann ich einen hinteren Platz haben?	Can I have a seat at the back?
Ich möchte bitte einen Platz in der Mitte haben.	I would like a seat in the middle, please.
Ich möchte im Raucherabteil sitzen.	I would like to sit in the smoking section.
Gibt es noch Plätze im Nichtraucherteil?	Are there any seats left in the non-smoking section?
Ist das Flugzeug pünktlich/verspätet?	Is the plane on time/delayed?
Welcher Flugsteig ist es?	Which gate number is it?
Wann muss ich durch den Zoll gehen?	What time must I go through customs?
Wo ist die Transithalle/Toilette/das Telefon?	Where's the transit hall/toilet/ telephone?
Gibt es einen Duty-free Shop in der Transithalle?	Is there a duty-free shop in the transit hall?
Wo kann ich Geld wechseln?	Where can I change some money?
Können Sie mir bitte sagen wo die Information ist?	Can you tell me where the information centre is, please?

Im Flugzeug

Ich hätte gerne etwas Mineralwasser/Wein bitte.	I would like some mineral water/ wine, please.
Ich hätte gerne etwas zu trinken/essen bitte.	I would like something to drink/ eat, please.
Haben Sie Zeitungen?	Have you got any newspapers?
Könnte ich bitte etwas zu lesen haben?	Could I have something to read, please?
Wie funktioniert dies/der Sitzgurt/das Licht?	How does it/the seatbelt the light work?
Könnte ich ein Video/einen Film sehen?	Could I watch a video/film?
Ich möchte Zigaretten/Parfüm/Alkohol kaufen.	I would like to buy some cigarettes/perfume/alcohol.
Können Sie SFr wechseln?	Can you change Swiss Franks?
Kann ich in DM bezahlen?	Can I pay in Deutschmarks?
Wann werden wir in ... landen?	What's the arrival time in ... ?
Haben wir Verspätung?	Are we delayed?/Is there a delay?

2 Eine Unterkunft/Ein Hotel(-zimmer) suchen/buchen

Kennen Sie ein gutes Hotel?	Do you know a good hotel?
Ich benötige eine Unterkunft für ein/zwei Nächte.	I need accommodation for one/ two nights.
Gibt es hier in der Nähe ein Zimmer mit Frühstück?	Is there a bed & breakfast (place) near here?
Gibt es eine billige Unterkunft?	Is there any cheap accommodation?

Ich möchte eine Ferienwohnung/ein -haus mieten.	I would like to rent a holiday flat/ cottage.
Haben Sie noch Zimmer frei?	Have you got any rooms left?
Ich möchte ein Einzel-/Doppelzimmer buchen.	I would like to book a single/ double room, please.
Ich möchte bitte ein Zimmer im ersten/ zweiten Stock.	I would like a room on the first/ second floor, please.
Hat das Zimmer ein (eigenes) Bad/eine Dusche?	Is there a (private) bath/shower with the room?
Gibt es einen Fernseher/ein Telefon im Zimmer?	Is there a television/telephone in the room?
Wie viel kostet das Zimmer mit Frühstück?	How much is bed & breakfast?
Wie viel kostet es pro Woche?	How much is it per week?
Haben Sie einen spezielles Wochenend-Angebot?	Do you have a special weekend offer?
Wie viel kostet Halb-/Vollpension?	How much is half board/full board?
Wie viel zahle ich für die Kinder?	How much do I pay for the children?
Ist das Mittag-/Abendessen im Preis inbegriffen?	Is lunch/dinner included in the price?
Gibt es ein Restaurant/eine Bar im Hotel?	Is there a restaurant/ bar in the hotel?
Wie weit ist das Hotel vom Zentrum entfernt?	How far is the hotel from the city centre?
Ich frühstücke nicht.	I don't eat any breakfast.
Ich möchte um acht Uhr frühstücken.	I would like to have breakfast at eight o'clock.
Kann ich mit Euroschecks bezahlen?	Can I pay by Eurocheque?
Nehmen Sie auch Visakarten?	Do you take Visa cards?

3 Den Weg erfragen

Würden Sie mir bitte einen Stadtplan geben?	Would you give me a map, please?
Könnten Sie mir bitte den Weg nach ... zeigen?	Could you show me the way to ..., please?
Verzeihung, könnten Sie mir bitte helfen?	Excuse me, could you help me, please?
Verzeihen Sie, wie komme ich nach ... ?	Excuse me, how can I get to ... ?
Wo kann ich ein Restaurant/Taxi finden?	(Excuse me,) where can I find a restaurant/taxi?
Wie weit ist es bis zum Theater/Museum/Zentrum?	How far is it to the theatre/ museum/town centre?
Ist es weit bis zu ... ?	Is it far to ... ?
Gibt es einen Bus/eine Untergrundbahn nach ... ?	Is there a bus/an underground to ... ?
Wie lange dauert es zu Fuß/mit dem Auto?	How long does it take on foot/ by car?

4 Auf der Post, am Telefon und beim Geldwechsel

Auf der Post

Ich möchte diesen Brief nach ... senden.	I would like to post this letter to ... .
Wie viel kostet ein(e) Brief/Postkarte nach ... ?	How much is a letter/postcard to ... ?
Ich benötige zwei Briefmarken für einen Brief nach	I would like two stamps for a letter to ... .
Wo kann ich diesen Brief aufgeben?	Where can I post this letter, please?
Wo ist bitte der Briefkasten?	Where's the letter box, please?

Ich möchte ein Telegramm schicken.	I would like to send a telegram.
Ich möchte bitte eine Telefonkarte.	I would like a phonecard, please.
Gibt es hier ein(e) Telefon(zelle)?	Is there a telephone (box) near here?
Wo kann ich telefonieren?	Where can I make a phone call?
Ich möchte ins Ausland telefonieren.	I want to make a long distance call.
Wie viel kostet ein Ortsgespräch?	How much is a local call?

Am Telefon

Ich möchte mit Herrn/Frau X sprechen bitte.	I would like to speak to Mr/Mrs X, please.
Kann/Könnte ich mit Herrn/Frau Y sprechen bitte?	Can/Could I speak to Mr/Mrs Y, please?
Kann ich eine Nachricht hinterlassen?	Can I leave a message, please?
Hier spricht Herr/Frau M.	This is Mr/Mrs M speaking.
Könnten Sie es bitte wiederholen?	Could you repeat/say that again, please?

Beim Geldwechsel

Wo ist die nächste Wechselstube?	Where's the nearest exchange/ bureau de change, please?
Ich möchte DM/Geld wechseln.	I'd like to change some DM/ money, please.
Kann ich hier Geld wechseln?	Can I change some money here?
Wie ist der Wechselkurs heute?	What's the exchange rate today?
Ich möchte gerne einen Euroscheck einlösen.	I would like to cash a Eurocheque.
Ich benötige einige Noten/etwas Kleingeld bitte.	I need some notes/small change, please.

5 Essen und Trinken bestellen

Sollen wir etwas essen/trinken gehen?	Shall we have something to eat/ drink?
Was gibt es zu essen/trinken?	What have you got to eat/drink?
Ich bin (sehr) hungrig/durstig.	I'm (very) hungry/thirsty.
Was gibt es zum Frühstück/Mittagessen?	What have you got for breakfast/ lunch?
Könnte ich bitte die Speisekarte haben?	Could I have the menu, please?
Haben Sie Fisch/Reis?	Have you got any fish/rice?
Was für Gemüse/Suppen haben Sie?	What kind of vegetables/soups have you got?
Was könnten Sie heute empfehlen?	What could you recommend today?
Würden Sie mir bitte etwas Salat bringen?	Would you bring me some salad, please?
Als Vorspeise möchte ich eine Suppe.	I would like some soup as a starter.
Als Hauptspeise nehme/möchte ich Lamm.	As a main course, I would like some lamb, please.
Ich mag leider kein Hähnchen.	I'm afraid I don't like chicken.
Ich würde Fleisch vorziehen.	I would prefer some meat.
Bringen Sie bitte noch etwas Brot.	Please bring me some more bread.
Ich möchte noch ein Glas Wein.	I would like another glass of wine, please.
Ich möchte bitte ein Dessert.	I would like a sweet/dessert, please.
Was haben Sie als Dessert?	What kind of sweet have you got?
Kann ich Ihnen einen Drink anbieten?	Can I offer you a drink?

Ich möchte gerne bezahlen.	I would like to pay the bill, please.
Bringen Sie mir bitte die Rechnung.	Could you bring me the bill, please?
Ist das Trinkgeld inbegriffen?	Is service included?
Kann/Könnte ich bitte eine Quittung haben?	Can/Could I have a receipt, please?

6 Beim Einkaufen

Könnten Sie mir bitte helfen?	Could you help me, please?
Wo kann ich Pullover/Schuhe kaufen?	Where can I buy pullovers/shoes?
Gibt es ein gutes Warenhaus/Modegeschäft?	Is there a good department store/ fashion shop?
Wo ist die Damen-/Herren-Abteilung bitte?	Where's Ladies/Menswear, please?
Wo kann ich die Kinder-Abteilung finden?	Where can I find the children's department?
Gibt es eine Lebensmittel-/Sport-Abteilung?	Is there a food/sport department?
Auf welchem Stock gibt es Andenken/Bücher?	On which floor can I find souvenirs/ books?
Können Sie mir bitte einige T-Shirts zeigen?	Can you show me some T-shirts, please?
Haben Sie etwas Eleganteres?	Have you got anything more elegant?
Haben Sie noch etwas Billigeres?	Have you got anything cheaper?
Ich mag diese Farbe leider nicht.	I'm afraid I don't like this colour.
Haben Sie andere Farben/Grössen?	Have you got any other colours/ sizes?
Haben Sie verschiedene Grössen?	Have you got different sizes?
Welche Farben/Grössen haben Sie noch?	What other colours/sizes do you have?
Kann ich es anprobieren?	Can I try it on?
Wo ist die Umkleidekabine?	Where's the changing room?
Dies ist leider zu groß/klein.	I'm afraid this is too big/small.
Es passt leider nicht.	I'm afraid it doesn't fit.
Dies ist mir leider zu teuer.	I'm afraid this is too expensive.
Wo ist die Kasse, bitte?	Excuse me, where is the cash desk, please?
Ich möchte bar/mit Scheck bezahlen.	I would like to pay cash/by cheque.

7 Beim Benützen öffentlicher Verkehrsmittel: Mit dem Flugzeug, der Bahn, dem Bus und der Untergrundbahn

Mit dem Flugzeug

Ich möchte bitte einen Flug nach ... buchen.	I'd like to book a flight to ..., please.
Wann gibt es einen Flug nach ... ?	When's there a flight to ... ?
Gibt es einen Flug um zwei Uhr?	Is there a flight at two o'clock?
Gibt es einen Vormittags/ Nachmittags-Flug nach ... ?	Is there a morning/an afternoon flight to ... ?
Haben Sie ein spezielles Angebot nach ... ?	Have you got a special offer to ... ?
Wie viel kostet ein Flug nach ... ?	How much is a flight to ... ?
Ist der Flug schon ausgebucht?	Is the flight already fully booked?
Sind noch Plätze frei nach ... ?	Are there any seats left to ... ?
Wann fliegt die Maschine ab/kommt sie an?	When does the plane leave/arrive?
Wie ist die Abflugs-/Ankunftszeit?	What's the departure/arrival time?
Ist das Flugzeug pünktlich/verspätet?	Is the plane on time/delayed?

Mit der Bahn

Wie komme ich nach ... ?	How can I get to ... ?

Kann ich mit der Bahn oder dem Bus fahren?	Can I travel by train or by bus?
Wie lange dauert es/die Fahrt (nach ...)?	How long does it take (to ...)?
Muss ich in ... umsteigen?	Must I change in ... ?
Wie oft muss ich umsteigen?	How often must I change?
Wie oft fährt der Zug nach ... ?	How often does the train go to ... ?
Wo ist bitte der Bahnhof?	Where's the train station, please?
Wo kann ich die Fahrkarte kaufen?	Where can I get a ticket, please?
Wo ist der Fahrkarten-Schalter, bitte?	Where is the ticket office, please?
Wie viel kostet die Fahrt (nach ...)?	How much/What is the fare (to ...)?
Ich möchte bitte eine einfache Fahrkarte nach	I would like a single ticket to ..., please.
Ich möchte/benötige bitte eine Rückfahrtkarte nach	I would like a return ticket to ..., please.
Gibt es eine preisgünstige Rückfahrkarte?	Is there a cheap return ticket?
Ist der Zug pünktlich/verspätet?	Is the train on time/delayed?
Auf welchem Bahnsteig fährt der Zug ab/kommt der Zug an?	Which platform does the train leave from/arrive on?
Gibt es einen früheren/späteren Zug?	Is there an earlier/a later train?
Wann geht der nächste Zug nach ... ?	When's the next train to ... ?
Wann kommt der Zug in ... an?	What time/When does the train arrive in ... ?
Gibt es einen Warteraum?	Is there a waiting room?
Verzeihung, ist dieser Platz belegt?	Excuse me, is this seat taken?
Kann ich einen Platz reservieren?	Can I reserve a seat?
Gibt es ein/en Bord-Restaurant/Wagenservice?	Is there a restaurant/buffet service on the train?
Ist dieser Zug durchgehend/ein Schnellzug?	Is this a through/fast train?
Wo hält dieser Zug?	Where does this train stop?
Könnte ich bitte einen Fahrplan haben?	Could I have a timetable, please?

Mit dem Bus/der Untergrundbahn

Wie komme ich nach ... ?	How can I get to ... ?
Ist es weit bis ... ?	Is it far to ... ?
Gibt es in der Nähe eine U-Bahnstation?	Is there an underground station near here?
Wo ist bitte die nächste Bus-Haltestelle?	Where's the next bus stop, please?
Wie oft fährt der Bus/die U-Bahn?	How often does the bus/underground go?
Wo bezahle ich?	Where do I pay?
Gibt es einen Fahrkarten-Automaten?	Is there a ticket machine?
Wo geht dieser Bus/diese U-Bahn hin?	Where does this bus/underground go to?
Wo muss ich aussteigen?	Where must I get off?
Wie viele Haltestellen/Stationen sind es bis ... ?	How many stops/stations are there to ... ?
Können Sie mir bitte sagen, wo ich umsteigen muss?	Could you tell me where I must change, please?
Wie weit fährt dieser Bus/diese U-Bahn?	How far does this bus/underground go?
Wann geht der nächste Bus/die nächste U-Bahn?	When's the next bus/underground, please?
Wann fährt der letzte Bus/die letzte U-Bahn, bitte?	When's the last bus/underground, please?

8 Kultur und Unterhaltung: sich über Möglichkeiten unterhalten, erkundigen und etwas buchen

Sich über das Kulturprogramm unterhalten

Was könnten wir heute/heute Abend machen?	What could we do today/tonight?
Wir könnten einkaufen/ins Theater gehen.	We could go shopping/to the theatre.
Würdest Du/Würden Sie gerne ins Konzert gehen?	Would you like to go to a concert?
Sollen wir eine Besichtigungstour machen?	Shall we go sightseeing?
Ich würde einen Museumsbesuch vorziehen.	I would prefer a visit to a museum.
Mich interessieren Kunstgallerien/Museen.	I'm interested in art galleries/ museums.
Ich bin nicht an Pop-Konzerten interessiert.	I'm not interested in pop concerts.
Magst Du/Mögen Sie Opern?	Do you like operas?
Ich mag keine Musicals/moderne Theaterstücke.	I don't like musicals/modern plays.

Beim Theater/Bei der Touristeninformation

Wo kann ich Karten kaufen für ... ?	Where can I get tickets for ... ?
Haben Sie Karten für ... ?	Have you got any tickets for ... ?
Gibt es noch Karten für heute Abend/morgen?	Are there any tickets left for tonight/ tomorrow?
Gibt es eine Nachmittagsvorstellung?	Is there a matinée?
Gibt es ein Ballet/einen guten Film diese Woche?	Is there a ballet/good film on this week?
Ich hätte gerne zwei Karten für die Abendvorstellung.	I would like two tickets for the evening performance.
Wie viel kosten die Karten?	How much are the tickets?
Haben Sie noch billigere Plätze?	Have you got any cheaper seats?
Sind die Plätze nummeriert?	Are the seats numbered?
Wann beginnt/endet die Vorstellung?	When does the performance begin/ end?
Wie lange dauert die Vorstellung?	How long does the performance last?

Einen Ausflug buchen

Welchen Ausflug können/würden Sie empfehlen?	Which tour could/would you recommend?
Ich möchte gerne einen Platz buchen für den Ausflug nach	I would like to book a seat for the tour to ... .
Ist es ein Ganztages-/Halbtages-Ausflug?	Is it a (full) day/half day tour?
Ist es eine geführte Besichtigung?	Is it a guided tour?
Gibt es eine (deutschsprachige) Führung?	Is there a (German speaking) guide?
Wie lange dauert die Fahrt/der Ausflug?	How long does the tour/trip last?
Wann beginnt es/der Ausflug?	When/What time does it/ the tour start?
Wann werden wir zurück sein?	When/What time will we be back?
Wie viel kostet es/die Fahrt nach ... ?	How much does it/the trip to ... cost?
Ist das Mittag-/Abendessen inbegriffen?	Is lunch/dinner included in the price?

9 Mit dem Auto unterwegs

Ich möchte ein Auto mieten für zwei/zehn Tage.	I would like to rent a car for two/ ten days.
Wie viel kostet ein Auto für eine Woche/ einen Monat?	How much is a car per week/ month?
Ist die Versicherung im Preis inbegriffen?	Is the insurance included in the price?
Wie lange dauert es mit dem Auto nach ... ?	How long does it take to get to ... by car?
Wie viele Kilometer/Meilen sind es bis ... ?	How many kilometres/miles is it to ... ?
Wo kann ich eine Tankstelle/Garage finden?	Where can I find a petrol station/ garage?
Gibt es eine Tankstelle/Garage in der Nähe?	Is there a petrol station/garage nearby?
Gibt es ein Not-Telefon in der Nähe?	Is there an emergency telephone nearby?
Ich brauche einen Abschlepp-Dienst.	I need a break-down service.
Könnten Sie die Polizei/den Krankenwagen rufen?	Could you call the police/an ambulance?
Können Sie mich bitte mitnehmen?	Can you give me a lift, please?
Ich benötige (Super/Bleifreies) Benzin.	I would like some (super/unleaded) petrol.
Könnten Sie bitte volltanken?	Could you fill it up, please?
Könnten Sie bitte die Luft/das Wasser/Öl prüfen?	Could you check the air/water/oil, please?
Etwas ist mit meinem Auto nicht in Ordnung.	There's something wrong with my car.
Wie viel kostet die Reparatur?	How much are the repairs?
Ich brauche eine Quittung, bitte.	I need a receipt, please.

0 Missverständnisse und Notsituationen: Beim Arzt, beim Apotheker und im Hotel

Missverständnisse

Verzeihung, ich verstehe (Sie) leider nicht.	I'm afraid I don't understand (you).
Könnten Sie es bitte wiederholen?	Could you repeat/say that again, please?
Wie bitte?	Pardon?
Ich spreche leider kein gutes Englisch.	I'm afraid I don't speak English very well.
Sprechen/Verstehen Sie Deutsch?	Do you speak/understand German?
Vielen Dank für Ihre Hilfe.	Thank you very much for your help.
Das ist sehr nett von Ihnen.	That's very kind of you.

Notsituationen

Ich weiß nicht, was ich tun soll.	I don't know what to do.
Wer kann/könnte mir helfen?	Who can/could help me, please?
Ich brauche Hilfe/einen Arzt.	I need some help/a doctor, please.
Kennen Sie einen (guten) Arzt/Zahnarzt?	Do you know of a (good) doctor/ dentist?
Wo kann ich eine Apotheke/Drogerie finden?	Where can I find a chemist?
Könnten/Würden Sie bitte einen Arzt rufen?	Could/Would you call a doctor, please?
Wo ist das nächste Krankenhaus?	Where's the nearest hospital?

Wie weit ist es bis zum nächsten Krankenhaus?	How far is it to the nearest hospital?
Es ist ein Notfall.	It's a case of emergency.

In der Arztpraxis/Apotheke

Ich bin/fühle mich krank.	I'm/I feel ill.
Mir ist schlecht.	I feel sick.
Ich habe (furchtbare) Kopf-/Bauchschmerzen.	I've got a (terrible) headache/ stomach-ache.
Ich habe Zahnschmerzen.	I've got toothache.
Ich habe Halsschmerzen.	I've got a sore throat.
Ich habe einen schrecklichen Husten.	I've got a terrible cough.
Ich habe eine (starke) Erkältung.	I've got a (bad) cold.
Ich habe Fieber.	I've got a fever.
Es schmerzt hier.	It hurts here.
Es tut nicht weh.	It doesn't hurt.
Könnte ich Tabletten haben für/gegen ... ?	Could I have some pills for ... , please?
Ich brauche bitte Ohren-/Augentropfen.	I need some ear/eye drops, please.
Ich brauche bitte etwas gegen meine(n) Erkältung/Husten.	I need something for my cold/ cough, please.
Wie oft muss ich die Medizin nehmen?	How often must I take this medicine?
Muss ich die Tabletten vor/ nach dem Essen nehmen?	Do I take these pills before/ after the meals?

Im Hotel

Das Zimmer ist leider nicht sauber.	I'm afraid the room isn't clean.
Das Zimmer ist leider zu kalt/heiss.	I'm afraid the room is too cold/hot.
Mir gefällt das Zimmer leider nicht.	I'm afraid I don't like the room.
Könnte ich bitte ein anderes Zimmer haben?	Could I have another room, please?
Die Heizung/der Fernseher funktioniert nicht.	I'm afraid the heating/ television doesn't work.
Es gibt leider keine Decke/kein Kopfkissen.	I'm afraid there's no blanket/pillow.
Könnten Sie bitte die Klimaanlage kontrollieren?	Could you check the air-conditioning, please?
Ich benötige ein weiteres Handtuch, bitte.	I would like another towel, please.

REDEWENDUNGEN / SET PHRASES (FUNCTIONS)

1 Greetings/Introduction/Farewell

Je nach Tageszeit und Formalität begrüßen, stellen Sie sich vor und verabschieden Sie sich folgendermaßen

Good morning.	Guten Morgen.
Good afternoon.	Guten Tag. (12.00 – 18.00 Uhr)
Good evening.	Guten Abend.
Hello!	Hallo./Guten Tag.
Nice to see/meet you.	Nett dich/Sie zu sehen/treffen.
How are you?	Wie geht es dir/Ihnen?
I'm fine/very well, thank you.	Mir geht es gut/sehr gut, danke.
My name is Susan.	Ich heiße Susanne.
May I introduce you to Mr Smith.	Darf ich dich/Sie Herrn Smith vorstellen?
This is Mary.	Dies ist Mary.
How do you do?	Guten Tag. (Nur bei der ersten Begegnung!)
Nice to meet you.	Nett dich/Sie zu treffen/kennen zu lernen.
Goodbye.	Auf Wiedersehen.
See you!	Auf bald!
See you tomorrow.	Bis morgen.
Good night.	Gute Nacht.
Have a nice time.	Ich wünsche dir/Ihnen eine gute Zeit/ viel Spaß.

2 Asking some questions

Folgende Fragen können Sie an neue Bekannte richten

What's your name?	Wie heißt du/heißen Sie?
What's your nationality?	Welche Nationalität hast du/haben Sie?
What's your job?	Was bist du/sind Sie von Beruf?
Where do you live?	Wo wohnst du/wohnen Sie?
Where are you from?	Woher kommst du/kommen Sie?
Are you American?	Bist du/Sind Sie Amerikaner(in)?
Are you from Canada?	Bist du/Sind Sie aus Kanada?
Have you got a family/any children?	Hast du/Haben Sie eine Familie/Kinder?
Do you like travelling/swimming?	Magst du/Mögen Sie reisen/schwimmen?
Do you know the Regency Hotel?	Kennst du/Kennen Sie das Regency Hotel?

3 Talking about myself

Mit den folgenden Redewendungen äußern Sie sich über Ihre Herkunft, Ihren Beruf und Ihre Vorlieben

I'm Susan.	Ich bin Susanne.
I'm German/Swiss.	Ich bin Deutsche(r)/Schweizer(in).
I'm from Germany/Austria.	Ich bin aus Deutschland/Österreich.
I live in Germany.	Ich wohne in Deutschland.
I'm a secretary/an engineer.	Ich bin Sekretärin/Ingenieur.
I work in an office/at a hotel.	Ich arbeite in einem Büro/Hotel.
I've got two children/a cat.	Ich habe zwei Kinder/eine Katze.
I like travelling/playing tennis.	Ich reise gerne/spiele gerne Tennis.
I don't like travelling by plane.	Ich reise nicht gerne mit dem Flugzeug.
I know many places.	Ich kenne viele Orte.
I don't know this town very well.	Ich kenne diese Stadt nicht sehr gut.
I speak a little English and some French.	Ich spreche ein wenig Englisch und etwas Französisch.

4 Inquiring

Sie möchten sich nach verschiedenen Dingen erkundigen

Is there a telephone?	Gibt es ein Telefon?
Are there any toilets?	Gibt es Toiletten?
Are there any tickets left?	Haben Sie noch Karten (übrig)?
Have you got a map of the town, please?	Hätten Sie bitte einen Stadtplan?
What have you got to eat/to drink?	Was haben Sie zu essen/zu trinken?
What kind of fish have you got?	Welche Sorte Fisch haben Sie?
Could you tell me what time it is?	Könnten Sie mir sagen wie viel Uhr es ist?
I'd like to know if the bar is open?	Ich möchte gerne wissen, ob die Bar offen ist?
Do you know if there is a bank here?	Wissen Sie, ob es hier eine Bank gibt?

5 Expressing wishes/requests

Folgende Beispiele verdeutlichen die verschiedenen Möglichkeiten, Wünsche auszudrücken und um Hilfe zu bitten

Have you got a double room?	Haben Sie ein Doppelzimmer?
Can/Could I have a map of London, please?	Kann/Könnte ich bitte eine Strassenkarte Londons haben?
I'd like/I would like some coffee, please.	Ich hätte bitte gerne etwas Kaffee.
I'd like to book a room.	Ich möchte gerne ein Zimmer buchen.
I want/need a double room.	Ich will/brauche ein Doppelzimmer.
I want to make a phone call.	Ich muss telefonieren.
I need a doctor, please.	Ich brauche bitte einen Arzt.
Can/Could I reserve a table, please?	Kann/Könnte ich bitte einen Tisch reservieren?
Could you give me a lift, please?	Könnten Sie mich bitte (mit dem Auto) mitnehmen?
Could you show me how this works, please?	Könnten Sie mir bitte zeigen, wie dies funktioniert?
Would you take my suitcase, please?	Würden Sie bitte meinen Koffer nehmen/tragen?
Would you bring me a towel, please?	Würden Sie mir bitte ein Handtuch bringen?
Is it possible to have breakfast now?	Wäre es möglich, jetzt zu frühstücken?

6 Asking for help and offering help

Wenn Sie Hilfe und Unterstützung brauchen oder selbst Hilfe anbieten wollen, sagen Sie dies

I need your help, please.	Ich brauche deine/Ihre Hilfe, bitte.
Could you help me, please?	Könnten Sie mir bitte helfen?
Would you help me with my suitcase, please?	Würden Sie mir bitte mit meinem Koffer helfen?
Can I help you?	Kann ich dir/Ihnen helfen?
What can I do for you?	Was kann ich für dich/Sie tun?
I'll help you.	Ich werde dir/Ihnen helfen.

7 Expressing thanks and reacting to it

Auf folgende Weise können Sie Dank aussprechen und diesen erwidern

Thank you.	Dankeschön.
Thank you very much.	Vielen/Herzlichen Dank.
Thanks a lot.	Vielen Dank.
Thank you. That's very kind of you.	Danke. Das ist sehr nett von dir/Ihnen.
How nice of you.	Wie nett von dir/Ihnen.
Thank you (very much) for your help.	Danke/(vielen Dank) für deine/Ihre Hilfe.
That's all right.	Schon gut./Das ist in Ordnung.
Don't mention it.	Nicht der Rede wert.

You're welcome.	Gern geschehen.

8 Expressing regrets

Falls Sie anderen nicht helfen können oder falls Ihnen etwas leid tut, sagen Sie Folgendes

I'm afraid I don't know.	Ich weiß es leider nicht.
I'm afraid I can't help you.	Ich kann dir/Ihnen leider nicht helfen.
I'm afraid I couldn't tell you.	Ich kann es dir/Ihnen leider nicht sagen.
I'm sorry.	Es tut mir leid.
I'm so sorry.	Es tut mir wirklich leid.
I'm terribly sorry.	Es tut mir schrecklich leid.

9 Asking for repetition

Eine höfliche Nachfrage, wenn nicht alles verstanden wurde, ist immer erlaubt

Pardon?	Wie bitte?
Could you say that again, please?	Könnten Sie dies bitte nochmals sagen?
Could you repeat that, please?	Könnten Sie dies bitte wiederholen.
I'm sorry, I don't understand.	Es tut mir leid, aber ich verstehe Sie nicht.
I'm afraid I don't speak English very well.	Ich spreche leider kein gutes Englisch.

0 Complaining

Sie sind mit bestimmten Dingen nicht einverstanden und möchten sich beschweren

I'm afraid there's no car park.	Es gibt leider keinen Parkplatz.
I'm afraid there are no towels.	Es gibt leider keine Handtücher.
I'm afraid the television doesn't work.	Der Fernseher funktioniert leider nicht.
I'm afraid the window doesn't open.	Das Fenster geht leider nicht auf.
I'm afraid the shower is out of order.	Die Dusche geht leider nicht/ist kapputt.
I'm afraid the room is too cold.	Das Zimmer ist leider zu kalt.
I'm afraid these shoes don't fit.	Diese Schuhe passen leider nicht.

1 Asking for directions/places and giving directions

Folgende Redewendungen helfen Ihnen, nach dem Weg und nach bestimmten Zielen zu fragen und selbst Wegangaben zu machen (leiten Sie Ihre Fragen ruhig immer mit einem 'Excuse me' ein, das ist höflicher)

Excuse me, how can I get to the town centre?	Verzeihung, wie komme ich ins Stadtzentrum?
Can you show me the way to Piccadilly, please?	Können Sie mir bitte den Weg zum Piccadilly zeigen?
Excuse me, how can I find the station, please?	Wie kann ich bitte den Bahnhof finden?
Excuse me, where can I find a nice restaurant?	Wo kann ich ein nettes Restaurant finden?
Do you know where the Hilton is?	Wissen Sie wo das Hilton Hotel ist?
Can you tell me where the bus stop is?	Können Sie mir sagen, wo die Bushaltestelle ist?
I don't know where to find the toilets.	Ich weiß nicht, wo die Toiletten sind.
Excuse me, how far is it to Brighton?	Wie weit ist es nach Brighton?
It's not far/very near.	Es ist nicht weit/sehr nah.
It's over there.	Es ist dort drüben.
It's opposite the hotel.	Es ist gegenüber dem Hotel.
It's near the park.	Es ist in der Nähe des Parks.
It's in front of the station.	Es ist vor dem Bahnhof.
It's on the right/left.	Es ist auf der rechten/linken Seite.
Take the next street on your right/left.	Nehmen Sie die nächste Strasse rechts/links.
Go/Walk straight on.	Gehen Sie geradeaus.

Turn right/left.	Gehen Sie nach rechts/links.
Cross the street.	Überqueren Sie die Strasse.

12 Asking for and telling the time/date/duration

Nach der Uhrzeit, dem Datum, nach dem Zeitpunkt und der Zeitdauer können Sie in folgender Weise fragen und diesbezügliche Nachfragen beantworten

What's the time, please?	Wie viel Uhr ist es, bitte?
What's the date today?	Was für ein Datum haben wir heute?
What day is it?	Welchen Tag haben wir?
What time does the tour start/end, please?	Um wie viel Uhr beginnt/endet die Fahrt, bitte?
When does the train leave/arrive?	Wann fährt der Zug ab/kommt der Zug an?
When do the shops open/close?	Wann öffnen/schliessen die Geschäfte?
When's there a flight to Munich?	Wann gibt es einen Flug nach München?
How long does it take to get to ... ?	Wie lange benötigt man bis nach ... ?
How long does the performance last?	Wie lange dauert die Vorstellung?
It's twelve o'clock.	Es ist zwölf Uhr.
It's five past two/ten to three.	Es ist fünf nach zwei/zehn vor drei.
It's Wednesday the ninth of September.	Es ist Mittwoch der neunte September.
The tour starts/ends at half past six.	Die Fahrt beginnt/endet um halb sieben.
The train leaves at one o'clock on Saturday.	Der Zug geht am Samstag um ein Uhr.
There's a flight on Tuesday and on Friday.	Es gibt am Dienstag und Freitag einen Flug.
It takes two hours to get to	Man benötigt zwei Stunden bis nach ... .
The performance lasts for three hours.	Die Vorstellung dauert drei Stunden.

13 Asking for the price and exchange rate

So erfragen Sie den Preis/Fahrpreis und Wechselkurs

How much is the room, please?	Wie viel/Was kostet das Zimmer, bitte?
How much are these shoes, please?	Wie viel kosten diese Schuhe, bitte?
How much does this T-shirt cost?	Wie viel kostet dieses T-shirt?
What's the price of this pullover, please?	Wie viel kostet dieser Pullover, bitte?
What's the fare to Leeds?	Wie viel kostet die Fahrt nach Leeds?
What's the exchange rate today?	Wie ist der Wechselkurs heute?
How much is £100 in German marks?	Wie viel sind 100 Pfund in DM?

14 Offering and suggesting something

Mit folgenden Beispielen können Sie etwas anbieten oder Vorschläge machen

Here you are.	Hier bitte. (Wenn Sie etwas überreichen.)
Here's your key.	Hier ist dein/Ihr Schlüssel.
Here are your postcards.	Hier sind deine/Ihre Postkarten.
Can I offer you a drink?	Kann ich dir/Ihnen einen Drink offerieren?
Would you like some coffee?	Möchtest du/Möchten Sie gerne etwas Kaffee?
I would like to invite you for lunch.	Ich möchte dich/Sie zum Mittagessen einladen.
Would you like to go shopping?	Möchtest du/Möchten Sie einkaufen gehen?
What about a whisky?	Wie wäre es mit einem Whisky?
We could go to the theatre.	Wir könnten ins Theater gehen.
Let's go shopping.	Lass/Lasst uns einkaufen gehen.
Shall we take a taxi?	Sollen wir ein Taxi nehmen?

5 Asking for likes/preferences

Mit diesen Redewendungen können Sie sich bei anderen Personen nach deren Vorlieben und Interessen erkundigen

What would you like? Some tea?	Was möchtest du/möchten Sie gerne? Tee?
Would you like something to drink?	Möchtest du/Möchten Sie gerne etwas zu trinken?
What would you like to do/eat?	Was möchtest du/möchten Sie gerne tun/ essen?
What do you like?	Was magst du/mögen Sie gerne?
Do you like pop music?	Magst du/Mögen Sie Pop Musik?
Do you prefer a classical concert?	Ziehst du/Ziehen Sie ein klassisches Konzert vor?
Are you interested in operas?	Bist du/Sind Sie an Opern interessiert?
Would you prefer a museum?	Würdest du/Würden Sie ein Museum vorziehen?

6 Accepting/Agreeing and refusing/disagreeing

Je nachdem ob Sie mit den Vorschlägen anderer einverstanden sind, äußern Sie Ihre Zustimmung oder Ablehnung folgendermaßen

Yes, please.	Ja gerne.
All right./Okay.	Ja gut./Einverstanden.
Why not?	Warum nicht?
With pleasure.	Mit Vergnügen.
That's fine/a good idea.	Das ist gut/eine gute Idee.
That would be very nice.	Das wäre sehr schön/nett.
No, thank you.	Nein danke.
Not for me, thank you.	Nein danke, nicht für mich.
Not now. Perhaps tomorrow/later.	Nicht jetzt. Vielleicht morgen/später.
I'm sorry, I can't come.	Es tut mir leid, ich kann nicht kommen.
I'm afraid I'm not hungry/thirsty.	Ich bin leider nicht hungrig/durstig.

7 Showing likes/interests and dislikes

Ihre persönlichen Vorlieben und Interessen und Ihre Abneigungen/Ihr Missfallen, drücken Sie mit diesen Beispielen aus

I like whisky (very much).	Ich mag Whisky (sehr).
I would (I'd) like to visit Scotland.	Ich möchte gerne Schottland besuchen.
I love pop music.	Ich liebe Pop Musik.
I would (I'd) love to see "Cats".	Ich würde „Cats" liebend/sehr gerne sehen.
I'm (very) interested in operas.	Opern interessieren mich (sehr).
I'm afraid I don't like classical music.	Ich mag leider keine Klassische Musik.
I'm afraid I wouldn't like any tea.	Ich möchte lieber keinen Tee.
I'm afraid I wouldn't like to go to Scotland.	Ich möchte lieber nicht nach Schottland gehen.
I'm afraid I'm not interested in operas.	Ich bin leider nicht an Opern interessiert.
No thank you. I don't want to go there.	Nein danke. Ich will nicht dorthin gehen.
I prefer a musical.	Ich ziehe ein Musical vor.
I prefer to visit a museum.	Ich ziehe es vor, ein Museum zu besuchen.
I would (I'd) prefer a play.	Ich würde ein Theaterstück vorziehen.

GUT ZU WISSEN / GOOD TO KNOW

1 Die Zahlen/The numbers

1 one	11 eleven	21 twenty-one	40 forty
2 two	12 twelve	22 twenty-two	50 fifty
3 three	13 thirteen	23 twenty-three	60 sixty
4 four	14 fourteen	24 twenty-four	70 seventy
5 five	15 fifteen	25 twenty-five	80 eighty
6 six	16 sixteen	26 twenty-six	90 ninety
7 seven	17 seventeen	27 twenty-seven	100 one (a) hundred
8 eight	18 eighteen	28 twenty-eight	200 two hundred
9 nine	19 nineteen	29 twenty-nine	420 four hundred and twenty
10 ten	20 twenty	30 thirty	1000 one thousand

5614 five thousand six hundred and fourteen
8932 eight thousand nine hundred and thirty-two
7005 seven thousand and five

13 thirteen 16 sixteen
30 thirty 60 sixty

2 Die Ordnungszahlen/The ordinal numbers

erster	(1.)	first	(1st)	sechster	(6.)	sixth	(6th)	eighteenth	(18th)
zweiter	(2.)	second	(2nd)	siebter	(7.)	seventh	(7th)	twentieth	(20th)
dritter	(3.)	third	(3rd)	achter	(8.)	eighth	(8th)	twenty-first	(21st)
vierter	(4.)	fourth	(4th)	neunter	(9.)	ninth	(9th)	twenty-fifth	(25th)
fünfter	(5.)	fifth	(5th)	zehnter	(10.)	tenth	(10th)	thirty-ninth	(39th)

Mein Zimmer ist **im** dritten Stock.	My room is **on** the third floor.
Die Damenabteilung ist **im** vierten Stock.	Ladieswear is **on** the fourth floor.
Ich bin **zum** zweiten Mal in England.	I'm in England **for** the second time.

3 Häufigkeitsangaben/Expressions of frequency

einmal	once	dreimal	three times	zehnmal	ten times
zweimal	twice	viermal	four times	hundertmal	a hundred times

Ich kaufe einmal die Woche ein.	I go shopping once a week.
Ich gehe zweimal im Jahr in die Ferien.	I go on holiday twice a year.
Ich spiele dreimal die Woche Tennis.	I play tennis three times a week.

4 Die Wochentage/The days of the week

Montag	Monday	Freitag	Friday
Dienstag	Tuesday	Samstag	Saturday
Mittwoch	Wednesday	Sonntag	Sunday
Donnerstag	Thursday	ein freier Tag	a holiday

Ich möchte **von** Montag **bis** Freitag ein Auto mieten.	I'd like to rent a car **from** Monday **to** Friday.
Ich will **am** Dienstag eine Besichtigung machen.	I want to do a sightseeing tour **on** Tuesday.
Die Geschäfte sind **am** Montag morgen geschlossen.	The shops are closed **on** Monday morning.
Ich werde **am** Donnerstagabend ankommen.	I'll arrive **on** Thursday evening.

5 Die Monate/The months

Januar	January	Mai	May	September	September
Februar	February	Juni	June	Oktober	October
März	March	Juli	July	November	November
April	April	August	August	Dezember	December

Wir möchten gerne im Mai in die Ferien gehen.	We would like to go on holiday **in** May.
Wir wollen im September reisen.	We would like to travel **in** September.
Mein Geburtstag ist im Juni.	My birthday is **in** June.

6 Das Datum/The date

Welches Datum haben wir heute?	What's the date today?
Heute haben wir den 2. Januar.	Today is the second of January. (*geschrieben:* 2nd January) Today is January the second.
Ich möchte für den 3. Juni ein Zimmer bestellen.	I'd like to book a room for the third of June. (*geschrieben:* 3rd June)
Wir reisen am 21. Juli ab.	We leave on the twenty-first of July. (*geschrieben:* 21st July)
Wir würden gerne bis zum 9. September bleiben.	We'd like to stay until the ninth of September. (*geschrieben:* 9th September)
Ich brauche ein Zimmer vom 4. – 20. Oktober.	I'd like a room from the fourth until/ till the twentieth of October. (*geschrieben:* 4th – 20th October)

7 Die Zeit/The time

It's	two minutes	**to** one.
	five	**to** two.
	a quarter	**to** three.
	twenty	**to** six.
	twenty-five	**to** nine.

It's	two minutes	**past**	one.
	five	**past**	two.
	a quarter	**past**	three.
	twenty-five	**past**	five.
	half	**past**	eight.

Wie viel Uhr ist es?	What time is it?/What's the time, please?
Es ist 13.00 Uhr.	It's one o'clock (on the clock) in the afternoon. (1pm)
Es ist 2.00 Uhr.	It's two o'clock in the morning. (2 am)
Der Zug geht um 14.00 Uhr.	The train leaves at two o'clock in the afternoon. (2 pm)
Das Flugzeug kommt um 10.05 Uhr an.	The plane arrives at 10.05 am. (five past ten in the morning)
Das Theaterstück dauert bis 22.55 Uhr.	The play lasts until 10.55 pm. (five to eleven in the evening)
Der nächste Zug geht um 20.45 Uhr.	The next train leaves at 8.45 pm. (eight forty-five/a quarter to nine in the evening)
Es ist 17.14 Uhr.	It's 5.14 pm. (fourteen minutes past five in the afternoon)
Der Bus fährt in einer Stunde.	The bus leaves in one hour.
Es dauert nur eine halbe Stunde.	It only takes half an hour.
Es beginnt in einer Viertelstunde.	It begins in a quarter of an hour.

Remember: **am = 24.00-12.00** 9 am = nine o'clock in the morning
pm = 12.00-24.00 4 pm = four o'clock in the afternoon

8 Die Farben/The colours

schwarz/weiss	black/white	blau	blue	dunkelrot	dark red
hellblau	light blue	rot	red	gelb	yellow
orange	orange	rosa	pink	grau	grey
grün	green	braun	brown		

Welche Farben haben Sie?	What colours have you got?
Ich möchte ein gelbes T-Shirt.	I'd like a yellow T-shirt.
Haben Sie es in Grün?	Do you have it in green?
Ich ziehe Blau vor.	I prefer blue.

9 Länder und Nationalitäten/Countries and nationalities

Deutschland	Germany	deutsch	German
Österreich	Austria	österreichisch	Austrian
Schweiz	Switzerland	schweizerisch	Swiss
Großbritannien	Britain	britisch	British
England	England	englisch	English
Schottland	Scotland	schottisch	Scottish
Irland	Ireland	irisch	Irish
Frankreich	France	französisch	French
Italien	Italy	italienisch	Italian
Spanien	Spain	spanisch	Spanish
Portugal	Portugal	portugiesisch	Portuguese
Schweden	Sweden	schwedisch	Swedish
Holland/Niederlande	Holland/The Netherlands	holländisch	Dutch
Griechenland	Greece	griechisch	Greek
Japan	Japan	japanisch	Japanese
(Nord)Amerika	America/USA	(nord)amerikanisch	(North)American

Ich bin aus Deutschland.	I'm from Germany.
Ich bin Schweizer(in) und spreche Deutsch und etwas Französisch.	I'm Swiss and I speak German and some French.
Ich habe einen österreichischen Pass, aber ich lebe in Italien.	I have an Austrian passport, but I live in Italy.
Im Juni reise ich nach England und Schottland.	I travel to England and Scotland in June.
Ich spreche nicht gut Englisch.	I don't speak English very well.

A

DICTIONARY Deutsch	**English**
Abend	evening ['i:vnɪŋ]
Abendessen, Hauptmahlzeit	dinner ['dɪnə]
zu Abend essen	(to) have dinner
aber	but [bʌt]
Abflug, Abfahrt	departure [dɪ'pɑ:tʃə]
Abflugszeit	departure time [dɪ'pɑ:tʃə taɪm]
absagen, abbestellen, streichen	(to) cancel ['kænsl]
abschicken (Brief), aufgeben, einstecken	(to) post a letter [pəʊst]
Abschleppdienst	break-down service ['breɪkdaʊn 'sɜ:vɪs]
Abteilung	department [dɪ'pɑ:tmənt]
acht	eight [eɪt]
Adresse, Anschrift	address [ə'dres]
Agentur, Geschäftsstelle, Vertretung	agency ['eɪdʒənsi]
Alkohol	alcohol ['ælkəhɒl]
alkoholfreies Getränk	non-alcoholic drink [nɒnælkə'hɒlɪk drɪŋk], soft drink [sɒft 'drɪŋk]
alle/alles	all [ɔ:l]
alleine	alone [ə'ləʊn]
alles	everything ['evrɪθɪŋ]
als, so, (so)wie	as [əz, æz]
alt	old [əʊld]
am Abend, abends	in the evening ['i:vnɪŋ]
am Freitag	on Friday ['fraɪdeɪ]
am Morgen, morgens	in the morning ['mɔ:nɪŋ]
am Nachmittag, nachmittags	in the afternoon [ɑ:ftə'nu:n]
an Bord gehen, einsteigen	(to) board [bɔ:d]
an, bei	at [ət]
anbieten	(to) offer ['ɒfə]
Angebot, Offerte	offer ['ɒfə]
Angelegenheit, Sache	matter ['mætə]
anhalten	(to) stop [stɒp]
ankommen	(to) arrive [ə'raɪv]
Ankunft	arrival [ə'raɪvl]
Ankunftsort, Richtung, Reiseziel	destination [destɪ'neɪʃn]
Ankunftszeit	arrival time [ə'raɪvl taɪm]
anmelden (*im Hotel, zum Flug*)	(to) check in [tʃek 'ɪn]
Anmeldezeit	check-in time ['tʃekɪn taɪm]
anprobieren	(to) try on [traɪ 'ɒn]
Anschnallgurt	seat belt ['si:tbelt]
ansehen, sich (etwas) ansehen, betrachten	(to) look at (something) ['lʊk ət]
Ansichtskarte	picture postcard [pɪktʃə 'pəʊstkɑ:d]
antworten	(to) answer ['ɑ:nsə]
Anweisung, Anordnung, Vorschrift	instruction [ɪn'strʌkʃn]
Anzug, Kostüm	suit [su:t]
Apfel	apple ['æpl]
Apfelkuchen	apple pie ['æpl paɪ]
Apotheke	chemist ['kemɪst]
Apparat, Automat	machine [mə'ʃi:n]
April	April ['eɪprəl]
Arbeit	work [wɜ:k]
arbeiten	(to) work [wɜ:k]
Arbeiter(in)	worker ['wɜ:kə]

Arzt, Ärztin	doctor ['dɒktə]
auch (*am Ende des Satzes*)	too [tu:]
auf der anderen Seite, (quer) hinüber	across [ə'krɒs]
auf, an, zu, bei	on [ɒn]
auf-, niederschreiben	(to) write (something) down [wraɪt 'daʊn]
auffüllen	(to) fill up [fɪl 'ʌp]
aufstehen	(to) get up [get 'ʌp]
Aufzug	lift [lɪft], elevator *(USA)* ['elɪveɪtə]
Auge	eye [aɪ]
Augenblick	moment ['məʊmənt]
Augentropfen	eye drops [əɪ drɒps]
August	August ['ɔ:gəst]
Ausflug, (Vergnügungs-)Reise	trip [trɪp], journey
ausfüllen (*Formular)*	(to) fill in [fɪl 'ɪn]
Ausgang	exit ['eksɪt]
Ausland (im/ins)	abroad [ə'brɔ:d]
auslesen, auswählen	(to) select [sɪ'lekt]
außer Betrieb	out of order [aʊt əv 'ɔ:də]
aussteigen	(to) get off [get 'ɒf]
aussuchen	(to) choose [tʃu:z]
Ausverkauf, Schlussverkauf	sale [seɪl]
ausverkauft	sold out [səʊld 'aʊt]
auswärts essen	(to) dine out ['daɪn aʊt]
Auto (mit dem ... fahren)	(to go by) car [kɑ:]
Auto fahren	(to) drive [draɪv]
Automat	slot machine ['slɒt məʃi:n]

B

Bäckerei (beim Bäcker)	baker's (at the) ['beɪkəz]
Bad	bath [bɑ:θ]
Bad(ezimmer)	bath, bathroom ['bɑ:θrʊm]
Bahnbeamter	railway official ['reɪlweɪ ə'fɪʃl]
Bahnhof	railway station, train station ['steɪʃn]
Bahnsteig	platform ['plætfɔ:m]
Balkon	balcony ['bælkəni]
Ballett	ballet ['bæleɪ]
Banane	banana [bə'nɑ:nə]
Bank	bank [bæŋk]
Banknote	note [nəʊt]
Bar	bar [bɑ:]
bar bezahlen	(to) pay cash [peɪ 'kæʃ]
Bargeld, Barzahlung	cash [kæʃ]
Bauernhaus	farmhouse ['fɑ:mhaʊs]
Bedienung	service ['sɜ:vɪs]
beenden	(to) finish ['fɪnɪʃ]
befestigen, anbinden	(to) fasten ['fɑ:sn]
Beförderungsmittel	transport ['trænspɔ:t]
beginnen	(to) start [stɑ:t]
Beispiel	example [ɪg'zɑ:mpl]
belegt, besetzt *(Sitzplatz)*	taken ['teɪkən]
benötigen, brauchen	(to) need [ni:d]
Benzin	petrol ['petrəl]
bereit, fertig (sein)	(to be) ready ['redi]
Beruf, Tätigkeit, Arbeit	job [dʒɒb]
besetzt *(Telefon, Toilette)*	engaged [ɪn'geɪdʒd]

Besichtigung der Sehenswürdigkeiten	(to go) sightseeing ['saɪtsiːɪŋ]
Besichtigungstour mit Führung	guided tour [gaɪdɪd 'tʊə]
besondere(r,s)	special ['speʃl]
besser	better ['betə]
bestätigen	(to) confirm [kən'fɜːm]
beste(r, s), am besten	best [best]
Besuch	visit ['vɪzɪt]
besuchen	(to) visit ['vɪzɪt]
Besucherzentrum	visitor centre ['vɪzɪtə sentə]
Bett	bed [bed]
Bett, zu ... gehen	(to) go to bed [gəʊ]
bewölkt	cloudy ['klaʊdi]
bezahlen	(to) pay [peɪ]
bezaubernd, entzückend, reizend	charming ['tʃɑːmɪŋ]
Bier	beer [bɪə]
Bier (Krug)	pint of beer (*groß*)/half a pint (*klein*) [paɪnt, bɪə]
Bild	picture ['pɪktʃə]
billig(er)	cheap(er) [tʃiːp, 'tʃiːpə]
bis, bis zu *(örtlich + zeitlich)*	until [ən'tɪl], till [tɪl]
bitte	please [pliːz]
blau	blue [bluː]
Blei	lead [led]
Bleiben Sie am Apparat.	Hold on. [həʊld 'ɒn]
bleiben, sich aufhalten, stehen bleiben	(to) stay [steɪ]
bleifreies (*Benzin*)	unleaded (petrol) [ʌn'ledɪd]
Blick	look [lʊk]
Blume	flower ['flaʊə]
Bluse	blouse [blaʊz]
Boot (mit dem ... fahren)	(to go by) boat [bəʊt]
Bootsfahrt	boat trip ['bəʊt trɪp]
Bordkarte	boarding card ['bɔːdɪŋ kɑːd]
Bordrestaurant im Zug	restaurant service ['restrɒnt sɜːvɪs]
Braten(fleisch)	roast [rəʊst]
brauchen, benötigen	need
braun	brown [braʊn]
Brief	letter ['letə]
Briefkasten	letter box ['letə bɒks], mail box ['meɪl bɒks] *(USA)*
Briefmarke	stamp [stæmp]
bringen	(to) bring [brɪŋ]
Broschüre, Prospekt	brochure ['brəʊʃə]
Brot	bread [bred]
Brot (belegtes)	sandwich ['sænwɪdʒ]
Brötchen	roll [rəʊl]
Brücke	bridge [brɪdʒ]
Bruder	brother ['brʌðə]
Buch	book [bʊk]
buchen, bestellen	(to) book [bʊk]
Buchhandlung	book shop ['bʊk ʃɒp]
buchstabieren	(to) spell [spel]
Büro	office ['ɒfɪs]
(Büro) Angestellte(r)	office clerk ['ɒfɪs klɑːk]
Bus, Autobus (mit dem ... fahren)	(to go by) bus [bʌs]

Busendstation, -kopfstation	bus terminal ['bʌs tɜ:mɪnl]
Busfahrer(in)	bus driver ['bʌsdraɪvə]
Bushaltestelle	bus stop ['bʌs stɒp]
Butter	butter ['bʌtə]
C Celsius	centigrade ['sentɪgreɪd]
Cola	coke [kəʊk]
D da, hier	here [hɪə]
Dame	lady ['leɪdi]
Damenabteilung	Ladieswear ['leɪdɪzweə]
Damenbekleidung	ladies' wear ['leɪdɪz weə]
Damenrock	skirt [skɜ:t]
Damentoilette	Ladies ['leɪdɪz]
danach	after that ['ɑ:ftə θæt]
Danke (schön).	Thank you. ['θæŋk jʊ]
dann	then [θen]
Datum	date [deɪt]
dauern	(to) last [lɑ:st]
dein(e), Ihr(e)	your [jɔ:]
deponieren	(to) deposit [dɪ'pɒzɪt]
der, die, das	the [ðə]
deutsch	German ['dʒɜ:mən]
Deutschland	Germany ['dʒɜ:məni]
Dialog	dialogue ['daɪəlɒg]
dick(er)	thick(er) [θɪk, 'θɪkə]
Dienstag	Tuesday ['tju:zdeɪ]
dies(e, er, es)/diese *(Mehrzahl)*	this [ðɪs]/these [θi:z]
Donnerstag	Thursday ['θɜ:zdeɪ]
doppelt	double ['dʌbl]
Doppelbett	double bed (zwei Betten = twin beds)
doppelstöckiger Bus	double-decker bus [dʌbl'dekə]
Doppelzimmer	double room ['dʌbl rʊm]
dort	there [ðeə]
dort drüben	over there ['əʊvə]
draußen, außen, außerhalb	outside [aʊt'saɪd]
drehen, wenden	(to) turn [tɜ:n]
drei	three [θri:]
dreimal	three times
dritte(r, s)	third [θɜ:d]
du/Sie *(Einzahl)*/ihr/Ihr *(Mehrzahl)*	you [ju:]
dunkel	dark [dɑ:k]
dunkelblau	dark blue [dɑ:k 'blu:]
dünn(er)	thin(ner) [θɪn, 'θɪnə]
durch	through [θru:]
durchgehender Zug, D-Zug	through train ['θru: treɪn]
durchschnittlich	average ['ævərɪdʒ]
durstig (sein)	(to be) thirsty ['θɜ:sti]
Dusche	shower ['ʃaʊə]
Dutzend	dozen ['dʌzn]
E Ecke (an der)	corner (at the) ['kɔ:nə]
Ehefrau, Gattin	wife [waɪf]
Ehemann, Gatte	husband ['hʌzbənd]

Ei	egg [eg]
eigentlich nicht	not really [nɒt 'rɪəli]
ein(e)	a/an *(vor a/e/i/o/u)* [ə, ən]
einander	each other [iːʃ 'ʌðə]
einchecken	(to) check in [tʃek 'ɪn]
einfach, einzeln	single ['sɪŋgl]
einfache Fahrkarte	single ticket [sɪŋgl 'tɪkɪt]
einige (wenige)	a few [ə'fjuː]
einkaufen (gehen)	(to) go shopping ['ʃɒpɪŋ]
einladen	(to) invite [ɪn'vaɪt]
einmal	once [wʌns]
eins	one [wʌn]
einsetzen, einfügen, hineinstecken	(to) insert [ɪn'sɜːt]
Einzelzimmer	single room ['sɪŋgl ruːm]
Eis	ice [aɪs]
Eisenbahn	railway ['reɪlweɪ]
elegant	elegant ['elɪgənt]
Empfangsdame/-chef	receptionist [rɪ'sepʃənɪst]
empfehlen	(to) recommend [rekə'mend]
Endstation	terminal ['tɜːmɪnl]
endzündet, wund	sore [sɔː]
England	England ['ɪŋglənd]
englisch	English ['ɪŋglɪʃ]
englisches Frühstück *(mit Eierspeisen)*	English breakfast ['brekfəst]
entlang, längs	along [ə'lɒŋ]
Entschuldigen Sie./Verzeihung.	Excuse me. [ɪk'skjuːz mɪ]
er	he [hiː]
Erdgeschoss	ground floor [graʊnd 'flɔː]
erhalten, bekommen, besorgen	(to) get [get]
erinnern, denken an, sich erinnern an	(to) remember [rɪ'membə]
Erkältung	cold [kəʊld]
erst, zuerst, erstens	first [fɜːst]
Erste (1.) Klasse	first class [fɜːst 'klɑːs]
erwähnen	(to) mention ['menʃn]
es	it [ɪt]
es gibt/es hat *(Einzahl)*	there is (there's) [ðə'rɪz]
es gibt/es hat *(Mehrzahl)*	there are [ðə'rɑː]
es heißt, es steht geschrieben	it says [sez]
Es macht nichts (aus). Schon gut.	Never mind. ['nevə maɪnd]
Es tut mir leid/Ich bedaure, dass	I'm afraid ... [ə'freɪd]
Es tut mit leid. Verzeihung.	I'm sorry. ['sɒrɪ]
essen	(to) eat [iːt]
Essen, Speise, Nahrung	food [fuːd]
Etikett, Anhänger	label ['leɪbl]
etwas, ein wenig	some [sʌm]
etwas, irgend etwas	something ['sʌmθɪŋ], anything ['eniθɪŋ]
etwas mehr, noch etwas	some more [səm 'mɔː]
etwas trinken	(to) have a drink
etwas tun wollen	(to) want to (do something) [wɒnt]
euer/eure *(Mehrzahl)*	your [jɔː]
Euroschecks einlösen	(to) cash Eurocheques ['jʊərəʊtʃeks]
eventuell, möglicherweise	possibly ['pɒsəbli]

F

Fähre (mit der ... fahren/reisen)	(to go by) ferry ['feri]
Fahrgeld, Fahrpreis	fare [feə]
Fahrkarte, Flugschein, (Eintritts-)Karte	ticket ['tɪkɪt]
Fahrkarten Automat	ticket machine ['tɪkɪt məʃiːn]
Fahrplan	timetable ['taɪmteɪbl]
Fahrrad (fahren)	(to go by) bicycle ['baɪsɪkl]
falsch, nicht in Ordnung	wrong [rɒŋ]
Familie	family ['fæməli]
Familienname	surname/family name ['sɜːneɪm]
Farbe	colour ['kʌlə]
Februar	February ['februəri]
Fehler, Irrtum, Missverständnis	mistake [mɪ'steɪk]
fein, ausgezeichnet	fine [faɪn]
Fenster	window ['wɪndəʊ]
Ferien	holiday ['hɒlədeɪ]
Ferien gehen (in die)	(to) go on holiday ['hɒlədeɪ]
Ferngespräch	lang distance call [lɒŋ dɪstəns 'kɔːl]
Fernsehapparat	television set/TV ['telɪvɪʒn set, tiː'viː]
feucht, nass	wet [wet]
Fieber (haben)	(to have a) fever ['fiːvə]
Filet	fillet ['fɪlɪt]
Film	film [fɪlm]
finden	(to) find [faɪnd]
Fisch	fish [fɪʃ]
Flasche	bottle ['bɒtl]
Fleisch *(zum Essen)*	meat [miːt]
fliegen	(to) fly [flaɪ]
Flug	flight [flaɪt]
Flugbegleiterin	air hostess ['eəhəʊstəs]
Fluggesellschaft	airline ['eəlaɪn]
Flughafen	airport ['eəpɔːt]
Flugsteig, Tor	gate [geɪt]
Flugzeug (mit dem ... reisen)	(to go by) plane, aeroplane [pleɪn, 'eərəpleɪn]
Fluss	river ['rɪvə]
folgen	(to) follow ['fɒləʊ]
Formular	form [fɔːm]
Frage	question ['kwestʃən]
fragen (nach)	(to) ask (for) [ɑːsk]
Frau (gnädige)	madam ['mædəm]
Frau *(+ Name)*	Mrs ['mɪsɪz] *(+ name)*
Fräulein *(+ Name)*	Miss [mɪs] *(+ name)*
frei	free [friː]
Freitag	Friday ['fraɪdeɪ]
Freund(in)	friend [frend]
freundliche/beste Grüße	kind(est) regards ['kaɪndɪst rɪ'gɑːdz]
frisch	fresh [freʃ]
Früchte, Obst	fruit [fruːt]
Früchtecocktail	fruit cocktail ['kɒkteɪl]
früh, frühere(r, es)	early ['ɜːli], earlier ['ɜːliə]
Frühling	spring [sprɪŋ]
Frühstück	breakfast ['brekfəst]
frühstücken	(to) have breakfast [həv 'brekfəst]
fühlen, sich fühlen	(to) feel [fiːl]

Führerschein	driving licence ['draɪvɪŋ laɪsns]
füllen, einfüllen	(to) fill [fɪl]
füllen, ausfüllen *(Formular)*	(to) fill in (a form) [fɔːm]
fünf	five [faɪv]
funktionieren, (es funktioniert)	(to) work (it works) [wɜːk]
für	for [fə, fɔː]
furchtbar, schrecklich	terrible ['terəbl]
fürchterlich, schrecklich	awful ['ɔːfl]
Fuß/Füße	foot/feet [fʊt, fiːt]
Fuß, zu Fuß gehen	(to) go on foot, [ɒn 'fʊt] (to) walk [wɔːk]
Galerie	gallery ['gæləri]
ganztägiger Ausflug	full day tour [fʊl deɪ 'tʊə]
Garage	garage ['gærɑːʒ]
Garten	garden ['gɑːdn]
Gasse, Gässchen	lane [leɪn]
Gast	guest [gest]
Gastgeber/in	host/hostess ['həʊstɪs]
gebacken	baked [beɪkt]
Gästehaus	guest-house [gest haʊs]
Gebäude	building ['bɪldɪŋ]
geben	(to) give [gɪv]
gebraten	fried [fraɪd]
gebrochen, zerbrochen, fehlerhaft	broken ['brəʊkən]
gebucht	booked [bʊkt]
Geburts-, Heimatstadt	home town ['həʊmtaʊn]
Geburtstag	birthday ['bɜːθdeɪ]
gegenüber(liegend)	opposite ['ɒpəzɪt]
gegrillt(e, r, s)	grilled [grɪld]
gehen (nach)	(to) go (to a place)
gekocht	boiled [bɔɪld]
gekochtes Ei	boiled egg [bɔɪld 'eg]
gelb	yellow ['jeləʊ]
Geld	money ['mʌni]
Geld wechseln	(to) change money [tʃeɪndʒ 'mʌni]
gemischt	mixed [mɪkst]
Gemüse	vegetable ['vedʒtəbl]
Gepäck	luggage ['lʌgɪdʒ], baggage ['bægɪdʒ]
gerade, (nur)	just [dʒʌst]
geradeaus (gehen)	(to go) straight on [streɪt 'ɒn]
geräuchert	smoked [sməʊkt]
Gericht, Speise	dish [dɪʃ]
Gern geschehen.	You're welcome. ['welkəm]
gern mögen, gern haben	(to) like [laɪk]
gerne (etwas haben/tun) wollen	would like something/to do something
geröstetes Brot	toast [təʊst]
Geschäft, Laden	shop [ʃɒp]
geschäftlich, auf Geschäftsreise (sein)	(to be) on business ['bɪznɪs]
Geschäftsführer/in, Filialleiter/in	manager, ['mænɪdʒə], manageress [mænɪdʒə'res]
Geschäfts-/Handelsreisender, Verkäufer	salesman ['seɪlzmən]
Geschenk	gift [gɪft]
Geschichte	story ['stɔːri]

geschlossen	closed [kləʊzd]
Geschwister	brothers and sisters ['brʌðəz, 'sɪstəz]
gestern	yesterday ['jestədeɪ]
gestern Morgen/Abend	yesterday morning/evening
Getränk	drink [drɪŋk]
getrennt	separate ['seprət]
gewerblich, industriell, Industrie-	industrial [ɪn'dʌstriəl]
Gewitter	thunderstorm ['θʌndəstɔːm]
Glas	glass [glɑːs]
gleich, das Gleiche	same, the same [seɪm]
Grad	degree [dɪ'griː]
grau	grey [greɪ]
groß/größer	big/bigger [bɪg, 'bɪgə]
groß, großartig	great [greɪt]
Größe	size [saɪz]
grün	green [griːn]
Grüsse	regards [ ]
gut (adj.)	good [gʊd]
gut (adv.), sehr gut	well, very well [wel, veri 'wel]
gut durchgebraten	well done [wel 'dʌn]
Gut (so).	Fine. [faɪn] That's fine.
Guten Abend.	Good evening. [gʊd 'iːvnɪŋ]
Guten Morgen.	Good morning. [gʊd 'mɔːnɪŋ]
Guten Tag. *(am Nachmittag)*	Good afternoon. [ɑːftə'nuːn]
Guten Tag. *(bei Vorstellung)*	How do you do. [haʊ djʊ 'duː]

H

haben, besitzen	(to) have [hæv]/have got [hæv gɒt]
Hafen	harbour ['hɑːbə]
Hähnchen/Huhn	chicken ['tʃɪkɪn]
halb	half [hɑːf]
halbe Stunde	half an hour [hɑːf ən 'aʊə]
halbgar	rare [reə]
halbtägiger Ausflug	half day tour [hɑːf deɪ 'tʊə]
Halle	hall [hɔːl]
Hallo./Guten Tag	Hello. [hə'ləʊ]
Hals	throat [θrəʊt]
Halsschmerzen/-entzündung (haben)	(to have a) sore throat [sɔː 'θrəʊt]
halten, festhalten	(to) hold [həʊld]
Haltestelle, Bushaltestelle	stop [stɒp]
Handgepäck	hand luggage ['hænd lʌgɪdʒ]
Handtasche	handbag ['hændbæg]
Handtuch	towel ['taʊəl]
Handwerker	workman ['wɜːkmən]
Hauptgericht	main dish [meɪn 'dɪʃ]
hauptsächlich, vor allem	mainly ['meɪnli]
Haus	house [haʊs]
Hausfrau	housewife ['haʊswaɪf]
Heimat, Vaterland	home country ['həʊm kʌntri]
heiß	hot [hɒt]
heiße/warme Mahlzeit	hot meal [hɒt 'miːl]
Heizung	heating ['hiːtɪŋ]
helfen	(to) help [help]
hell, licht, leicht	light [laɪt]
hellblau	light blue [laɪt 'bluː]

Herbst	autumn ['ɔːtəm]
Herr	gentleman ['dʒentlmən]
Herr *(+Name)*	Mr ['mɪstə] *(+ name)*
Herrenabteilung	Menswear ['menzweə]
Herrenbekleidung	men's wear ['menz weə]
Herrenhemd	shirt [ʃɜːt]
heute	today [tə'deɪ]
heute Abend, heute Nacht	tonight [tə'naɪt]
hier	here [hɪə]
Hier bitte. Bitte schön.	Here you are. [hɪə ju 'ɑː]
hinauf, (nach) oben, (treppaufwärts)	up [ʌp] (upstairs) [ʌp'steəz]
hin, zu, nach	to [tuː, tu, tə]
hin und zurück (Fahrkarte)	return (ticket) [rɪ'tɜːn]
hinlegen, (sich)	(to) lie down [laɪ 'daʊn]
hinsetzen, (sich)	(to) sit down [sɪt 'daʊn]
hinten, im hinteren Teil	at the back [bæk]/at the rear [rɪə]
hinunter, (nach) unten, (treppabwärts)	down [daʊn] (downstairs) [daʊn'steəz]
historisch, geschichtlich	historical [hɪ'stɒrɪkl]
hoch	high [haɪ]
hoffen	(to) hope [həʊp]
Honig	honey ['hʌni]
hören, zuhören	(to) listen ['lɪsn]
Hosen	trousers ['traʊzəz], pants [pænts] (USA)
Hotel	hotel [həʊ'tel]
Hotelhalle	lobby ['lɒbi]
Hügel	hill [hɪl]
hundert	hundred ['hʌndrəd]
hungrig (sein)	(to be) hungry ['hʌŋgri]
Husten (haben)	(to have a) cough [kɒf]
Hut	hat [hæt]

ich	I [aɪ]
Ich bin ...	I am (I'm) [aɪ əm, aɪm] ...
Ich habe/besitze ...	I've got (I have got) ...
Ich möchte gerne ...	I would like (= I'd like) [aɪd laɪk] ...
Ich möchte wissen ...	I'd like to know ... [nəʊ]
Ich würde vorziehen ...	I would prefer [prɪ'fɜː] (= I'd prefer) ...
Idee, Gedanke, Vorschlag	idea [aɪ'dɪə]
ihn, ihm, sich	him [hɪm]
ihr(e) *(3. Person Mehrzahl)*	their [ðeə]
ihr(e) *(weiblich)*	her [hɜː]
Ihr(e), dein(e) *(Einzahl)*	your [jɔː]
im Voraus	in advance [əd'vɑːns]
in	in [ɪn]
In Ordnung	Okay./Fine. [əʊ'keɪ, faɪn]
inbegriffen	included [ɪn'kluːdɪd]
Information, Auskunft	information centre [ɪnfə'meɪʃn sentə]
Informationsschalter	information desk [ɪnfə'meɪʃn desk]
Ingenieur(in)	engineer [endʒɪ'nɪə]
interessant	interesting ['ɪntrəstɪŋ]
interessieren (sich ... für)	(to) be interested in ['ɪntrəstɪd]
international	international [ɪntə'næʃnəl]
irgend etwas	something/anything ['sʌmθɪŋ, 'eniθɪŋ]
irgendein(e), irgendwelche(s, r)	some/any [sʌm, 'enɪ]

ist	is [ɪz]

J

ja	yes [jes]
Jacke	jacket ['dʒækɪt]
Jahr	year [jɪə]
Jahreszeit	season ['si:zn]
Jahrhundert	century ['sentʃəri]
Januar	January ['dʒænjʊəri]
jede(r, s, m)	every ['evri]
jeder(mann), alle	everybody ['evribɒdi]
jene(r, s)	that (that is = that's) [ðæt, ðət]
jene	those [θəʊz] *(Mehrzahl von "that")*
jetzt	now [naʊ]
Juli	July [dʒu:'laɪ]
jung	young [jʌŋ]
Juni	June [dʒu:n]

K

Kaffee	coffee ['kɒfi]
kalt	cold [kəʊld]
Kamera	camera ['kæmərə]
kapputtgehen	(to) break down [breɪk 'daʊn]
kaputt	broken down [brəʊkən 'daʊn]
Karte	card [kɑ:d]
Kartoffelbrei, -püree	creamed potatoes [kri:md]
Kartoffeln	potatoes [pə'teɪtəʊz]
Käse	cheese [tʃi:z]
Kasse *(Geschäft)*	cash desk ['kæʃ desk]
Kasse *(Theater)*, (Fahrkarten-)Schalter	booking office ['bʊkɪŋ ɒfɪs]
Kathedrale	cathedral [kə'θi:drəl]
kaufen	(to) buy [baɪ]
kein(e) *(vor Substantiv)*	no (coffee) [nəʊ]
Kellner/in	waiter, waitress ['weɪtə 'weɪtrəs]
Kind/Kinder	child/children [tʃaɪld, 'tʃɪldrən]
Kinderabteilung	childen's department [dɪ'pɑ:tmənt]
Kino, Film-, Lichtspieltheater	cinema ['sɪnəmə]
Kirche	church [tʃɜ:tʃ]
Kissen	pillow ['pɪləʊ]
klar, hell, heiter	bright [braɪt]
Klasse	class [klɑ:s]
klassisch	classical ['klæsɪkl]
Kleid	dress [dres]
Kleider	clothes [kləʊðz]
klein(er)	small(er) [smɔ:l, 'smɔ:lə]
Kleingeld	small change [smɔ:l 'tʃeɪndʒ]
Klimaanlage	air-conditioning ['eəkəndɪʃnɪŋ]
Kneipe, Bierwirtschaft	pub (public bar) [pʌb]
Koffer	suitcase ['su:tkeɪs]
kommen nach	(to) get to [get]
kommen, her-, herbeikommen	(to) come [kʌm]
können	can [kæn, kən]
Könnte/Dürfte ich ... ?	May I ... ? [meɪ]
Könnten Sie/Könntest du ... ?	Could you ... ? [kʊd]
Kontinent, Festland/Europa	continent/the Continent ['kɒntɪnənt]
kontinental, europäisch	continental [kɒntɪ'nentl]

Konzerthalle	concert hall ['kɒnsət hɔ:l]
Kopf	head [hed]
Kopfweh, -schmerzen (haben)	(to have a) headache ['hedeɪk]
kosten	(to) cost [kɒst]
Kosten, Gebühr	charge [tʃɑ:dʒ]
kostenlos, umsonst	free of charge [fri:]
krank (sein)	(to be) ill [ɪl]
krank, unwohl, übel (fühlen)	(to feel) sick [sɪk]
Krankenhaus	hospital ['hɒspɪtl]
Krankenschwester/-pfleger	nurse [nɜ:s]/male nurse
Krankenwagen	ambulance ['æmbjələns]
Krawatte	tie [taɪ]
Kuchen	cake [keɪk]
Kugelschreiber	ball pen/biro ['bɔ:lpen, 'baɪrəʊ]
kurz (kürzer)	short(er) [ʃɔ:t, 'ʃɔ:tə]
L Lachs	salmon ['sæmən]
Laden für zollfreie Ware	duty-free shop [dju:ti'fri: ʃɒp]
Laden, Geschäft	shop *(GB)*/store *(USA)*
Lammkotelett	lamb cutlet [læm 'kʌtlɪt]
Lammfleisch	lamb [læm]
Land/Gegend	country ['kʌntri]
landen *(Flugzeug)*	(to) land [lænd]
Landung	landing ['lændɪŋ]
lang (länger)	long(er) [lɒŋ, 'lɒŋgə]
langsam	slow *(Adjektiv)* [sləʊ], slowly *(Adverb)* ['sləʊli]
lassen, zulassen	(to) let [let]
Lasst uns/Wir wollen ...	Let's (let us) [lets] ...
Lebenmittelabteilung	food department [fu:d]
Lebensmittelhändler (beim)	grocer ['grəʊsə] (at the grocer's)
Lehrer(in)	teacher ['ti:tʃə]
Lehrling, Auszubildende(r)	apprentice [ə'prentɪs]
leicht	easy ['i:zi]
leid tun	(to) be sorry ['sɒri]
Leitung	line [laɪn]
Lendenstück	sirloin (steak) ['sɜ:lɔɪn]
lesen	(to) read [ri:d]
letzt(e), vorig(e)	last [lɑ:st]
Leute, Volk	people ['pi:pl]
lieb, teuer, (*Brief:* Sehr geehrte(r))	dear [dɪə]
Liebe	love [lʌv]
lieben, sehr gerne mögen	(to) love [lʌv]
links (auf der linken Seite)	left (on the/my left) [left]
links abbiegen	(to) turn left [tɜ:n 'left]
Liste	list [lɪst]
M machen, anfertigen, herstellen	(to) make [meɪk]
Magen	stomach ['stʌmək]
Magenschmerzen (haben)	(to have a) stomach-ache ['stɒməkeɪk]
Mahlzeit	meal [mi:l]
Mai	May [meɪ]
mal (dreimal)	times (three times) [taɪmz]
man braucht, es dauert	it takes [ɪt 'teɪks]

manchmal	sometimes ['sʌmtaɪmz]
Mann/Männer	man/men [mæn, men]
Mantel	coat [kəʊt]
Markt	market ['mɑ:kɪt]
Marmelade *(aus Zitrusfrüchten)*	marmalade ['mɑ:məleɪd]
Marmelade/Konfitüre	jam [dʒæm]
März	March [mɑ:tʃ]
Mechaniker(in), Maschinist(in), Monteur(in)	mechanic [mɪ'kænɪk]
Medizin	medicine ['medsɪn]
mehr	more [mɔ:]
Mehrwertsteuer	Value Added Tax (VAT.) [vælju: 'ædɪd tæks]
mein(e)	my [maɪ]
Metzger, Fleischer (beim)	butcher ['bʊtʃə] (at the butcher's)
mieten	(to) rent [rent]
Milch	milk [mɪlk]
Mineralwasser	mineral water ['mɪnərəl wɔ:tə]
Minute	minute ['mɪnɪt]
mir, mich	me [mɪ:]
mit	with [wɪð]
Mit Vergnügen.	With pleasure. ['pleʒə]
mitnehmen, (jemanden) mit dem Auto ...)	(to) give (someone) a lift
zu Mittag essen	(to) have lunch
Mittagessen (leicht)	lunch [lʌntʃ]
Mittagszeit	lunch time [lʌntʃ taɪm]
Mitte	middle ['mɪdl]
Mitteilung, Nachricht	message ['mesɪdʒ]
Mitteilung ausrichten lassen	(to) leave a message ['mesɪdʒ]
mittel	medium ['mi:diəm]
mitten, in der Mitte von	in the middle of ['mɪdl]
Mittwoch	Wednesday ['wenzdeɪ]
Möchtest du/Möchten Sie/Möchtet Ihr ... ?	Would you like ... ?
Modegeschäft	fashion shop ['fæʃn]/boutique
modern	modern ['mɒdən]
möglich (wenn/falls)	(if) possible ['pɒsəbl]
Monat	month [mʌnθ]
Montag	Monday ['mʌndeɪ]
Morgen	morning ['mɔ:nɪŋ]
morgen Abend	tomorrow evening [təmɒrəʊ 'i:vnɪŋ]
morgen früh	tomorrow morning [təmɒrəʊ 'mɔ:nɪŋ]
morgen Nachmittag	tomorrow afternoon [təmɒrəʊ ɑ:ftə'nu:n]
morgen Nacht	tomorrow night [təmɒrəʊ 'naɪt]
Museum	museum [mju'zɪəm]
Musik	music ['mju:zɪk]
müssen	must [mʌst]

N

nach (London), (bis) zu	to (London) [tə, tʊ]
nach, hinter	after ['ɑ:ftə]
Nachbar(in)	neighbour ['neɪbə]
Nachmittag	afternoon [ɑ:ftə'nu:n]
Nachmittagsvorstellung	matinée ['mætɪneɪ]
nachschauen	(to) have a look [lʊk]
Nachspeise, Nachtisch	dessert [dɪ'zɜ:t], sweet [swi:t]
nächst, am nächsten gelegene	nearest ['nɪərɪst]

nächstliegend, folgend	next [nekst]
Nacht	night [naɪt]
Nachtclubs	night clubs ['naɪtklʌbz]
nachts	at night [ət 'naɪt]
nahe, in der Nähe (von)	near [nɪə]
nahe gelegen	nearby [nɪə'baɪ]
Name	name [neɪm]
national, staatlich	national ['næʃnəl]
Nationalität, Staatsangehörigkeit	nationality [næʃə'næləti]
Nebel	fog [fɒg]
Nebenkosten	extras ['ekstrəz], extra charge [tʃɑːdʒ]
nehmen	(to) take [teɪk]
nein	no [nəʊ]
nett, freundlich	kind [kaɪnd]
nett, schön	nice [naɪs]
neu	new [njuː]
neun	nine [naɪn]
nicht	not [nɒt]
Nicht der Rede wert./Schon gut.	Don't mention it. ['menʃn]
nicht mehr	not any more [nɒt eni 'mɔː]
nicht viel	not much [nɒt 'mʌtʃ]
nicht viele	not many [nɒt 'meni]
Nichtraucher, Rauchen verboten	non-smoking [nɒn'sməʊkɪŋ]
nichts	nothing ['nʌθɪŋ]
nie(mals)	never ['nevə]
Noch (irgend) etwas?	Anything else? ['eniθɪŋ els]
noch ein(e), ein(e) andere(r)	another [ə'nʌðə]
Norden, nördlich	north [nɔːθ]
Normal *(Benzin)*	regular ['regjələ]
Not-Telefon	emergency telephone [ɪ'mɜːdʒənsi telɪfəʊn]
Notausgang	emergency exit [ɪ'mɜːdʒənsi eksɪt]
Notlage, Notfall	emergency
November	November [nəʊ'vembə]
Null	zero ['zɪərəʊ], oh [əʊ]
nummeriert	numbered ['nʌmbəd]
Nummer	number ['nʌmbə]
nur	only ['əʊnli]

O

ob, wenn, falls	if [ɪf]
oben, nach oben, die Treppe hinauf	upstairs [ʌp'steəz]
oder	or [ɔː]
offen	open ['əʊpən]
öffentlich	public ['pʌblɪk]
öffentliche Toilette	public toilet ['tɔɪlət]
öffentliche(r) Verkehr(smittel)	public transport [pʌblɪk 'trænspɔːt]
öffentliches Telefon	public telephone ['telɪfəʊn]
öffnen	(to) open ['əʊpən]
oft	often ['ɒfn]
ohne	without [wɪ'ðaʊt]
ohnehin, sowieso	anyway ['eniweɪ]
Ohr	ear [ɪə]
Ohrentropfen	ear drops [drɒps]
Oktober	October [ɒk'təʊbə]

	Öl	oil [ɔɪl]
	Omelette, Pfannkuchen	omelette ['ɒmlət]
	Oper	opera ['ɒprə]
	Orangensaft	orange juice [ɒrɪndʒ 'dʒu:s]
	organisieren	(to) organise ['ɔ:gənaɪz]
	Ort, Platz	place [pleɪs]
	Ortsgespräch	local call ['ləʊkl kɔ:l]
	Osten, östlich	east [i:st]
	Österreich	Austria ['ɒstriə]
	österreichisch	Austrian ['ɒstriən]
P	Paar	pair [peə]
	Paar Schuhe	pair of shoes [ʃu:z]
	Pampelmuse	grapefruit ['greɪpfru:t]
	Parfüm	perfume ['pɜ:fju:m]
	Park, Anlage	park [pɑ:k]
	parken	(to) park [pɑ:k]
	Parkplatz	car park, parking ['kɑ:pɑ:k, 'pɑ:kɪŋ]
	Passagier, Fluggast	passenger ['pæsɪndʒə]
	passen, sitzen	(to) fit [fɪt]
	Pause, Abstand, Unterbrechung	interval ['ɪntəvl]
	Pension	guesthouse ['gesthaʊs]
	Pfund *(Gewicht und Geld)*	pound [paʊnd]
	Pille, Tablette	pill [pɪl]
	Pilot(in)	pilot ['paɪlət]
	Pilze	mushrooms ['mʌʃrʊmz]
	Platz *(in der Stadt)*	square [skweə]
	Polizei	police [pə'li:s]
	Polizist/in	policeman/-woman [pə'li:smən, -wʊmən]
	Pommes frites	chips [tʃɪps], French fried (potatoes) [frentʃ 'fraɪd]
	Portier, Pförtner	porter ['pɔ:tə]
	Postamt	post office ['pəʊst ɒfɪs]
	Postkarte	postcard ['pəʊstkɑ:d]
	Preis	price [praɪs]
	privat	private ['praɪvət]
	Programm	programme ['prəʊgræm]
	prüfen, kontrollieren, probieren	(to) check (sth.) [tʃek]
	Pullover	pullover ['pʊləʊvə]
	Punkt	point [pɔɪnt]
	pünktlich (sein)	(to be) on time [ɒn 'taɪm]
Q	Quittung	receipt [rɪ'si:t]
R	R-Gespräch *(Empfänger bezahlt)*	reverse charge call [rɪvɜ:s 'tʃɑ:dʒ kɔ:l]
	Radio	radio ['reɪdiəʊ]
	Raucherabteil	smoking section ['sməʊkɪŋ sekʃn]
	Rechnung	bill [bɪl]
	Rechnung bezahlen/begleichen	(to) settle/pay the bill ['setl]
	rechts, (auf der rechten Seite)	right, (on the/your right) [raɪt]
	rechts abbiegen (nach)	(to) turn right [raɪt]
	regelmäßig	regularly ['regjələli]
	Regen	rain [reɪn]
	Regenmantel	raincoat ['reɪnkəʊt]

Regenschauer, -guss	shower ['ʃaʊə]
Regenschirm	umbrella [ʌm'brelə]
regnerisch	rainy, showery ['reɪni, 'ʃaʊəri]
Reifen	tyre ['taɪə]
Reis	rice [raɪs]
Reise	journey ['dʒɜːni], trip [trɪp]
Reise, Rundreise	tour [tʊə]
Reiseabteilung	travel department ['trævl dɪpɑːtmənt]
Reiseandenken	souvenir [suːvə'nɪə]
Reisebegleiter(in), Führer(in)	guide [gaɪd]
Reisebüro, Reiseagentur	travel agency ['trævl eɪdʒənsi]
Reiseführer *(Buch)*	guide book ['gaɪdbʊk]
Reisebus	coach [kəʊtʃ]
reisen, fahren	(to) travel ['trævl]
Reisepass	passport ['pɑːspɔːt]
Reisezeit	journey time ['dʒɜːni taɪm]
Reservierung	reservation [resə'veɪʃn]
reservieren	(to) reserve [rɪ'zɜːv]
reserviert	reserved [rɪ'zɜːvd]
Rest	rest [rest]
Restaurant, Gaststätte	restaurant ['restrɒnt]
Rezept *(ärztlich)*	prescription [prɪ'skrɪpʃn]
Rezeption, Empfang	reception [rɪ'sepʃn]
richtig, wahr, in Ordnung	right [raɪt]
Richtung	direction [dɪ'rekʃn]
Rinderbraten	roast beef [rəʊst 'biːf]
Rindfleisch	beef [biːf]
rosa	pink [pɪŋk]
rot	red [red]
Rückfahrkarte	return ticket [rɪ'tɜːn]
rufen, anrufen	(to) call [kɔːl]
Rührei	scrambled egg ['skræmbld eg]
rund	round [raʊnd]

S

Saft	juice [dʒuːs]
sagen	(to) say [seɪ]
sagen, erzählen, berichten	(to) tell [tel]
Sahne, Rahm	cream [kriːm]
Salat	salad ['sæləd]
Salatsoße	dressing ['dresɪŋ]
Samstag	Saturday ['sætədeɪ]
sauber	clean [kliːn]
Schachtel	box [bɒks]
Schallplatte, CD	record ['rekɔːd], CD [siː'diː]
Schallplattengeschäft	record shop [ʃɒp]
schauen, anschauen, blicken	(to) look [lʊk]
Scheck (mit ... bezahlen)	(to pay by) cheque [peɪ baɪ 'tʃek]
schicken, senden	(to) send [send]
Schinken	ham [hæm]
schlafen	(to) sleep [sliːp]
schlecht	bad [bæd]
schließen	(to) close [kləʊz]
schließlich, zuletzt, endlich	finally ['faɪnəli]
Schloss	castle ['kɑːsl]

Schlüssel	key [ki:]
schmerzen, weh tun	(to) ache [eɪk]
schnell	fast [fɑ:st], quick [kwɪk]
Schnellzug	fast train [fɑ:st 'treɪn]
Schokolade	chocolate ['tʃɒklət]
schön	beautiful ['bju:tɪfl]
Schraubenzieher, -dreher	screwdriver ['skru:draɪvə]
schrecklich, furchtbar	terrible ['terəbl]
schreiben	(to) write [raɪt]
Schreibtisch	desk [desk]
Schuhe	shoes [ʃu:z]
schwarz	black [blæk]
Schweiz	Switzerland ['swɪtsələnd]
schweizer(isch)	Swiss [swɪs]
Schwester	sister ['sɪstə]
schwierig	difficult ['dɪfɪkəlt]
Schwimmbad	swimming pool ['swɪmɪŋ pu:l]
schwimmen (gehen)	(to) swim [swɪm]
schwimmen gehen	(to) go swimming
Schwimmweste	life vest ['laɪf vest]
sechs	six [sɪks]
See (der)	lake [leɪk]
See (die)	sea [si:]
sehen	(to) see [si:]
Sehenswürdigkeit	sight [saɪt]
sehr	very ['veri]
Seife	soap [səʊp]
sein(e) *(männlich)*	his [hɪz]
Sekretär/in	secretary ['sekrətri]
Sekunde	second ['sekənd]
Selbstbedienung	self-service [self'sɜ:vɪs]
Selbstversorgung	self-catering [self'keɪtərɪŋ]
selbstverständlich, natürlich	of course [əf 'kɔ:s]
September	September [sep'tembə]
servieren, bedienen	(to) serve [sɜ:v]
Sessel, Lehnstuhl	armchair ['ɑ:mtʃeə]
setzen, legen stellen	(to) put [pʊt]
sicher(lich), gewiss	certainly ['sɜ:tnli]
sie *(Einzahl, weiblich)*	she [ʃi:]
sie *(Mehrzahl)*	they [ðeɪ]
sie/ihnen *(Mehrzahl)*	them [ðem, ðəm]
sieben	seven ['sevn]
Sitz, Platz	seat [si:t]
Sitz/Platz reservieren/buchen	(to) book a seat [bʊk]
sitzen	(to) sit [sɪt]
Socken, kurze Strümpfe	socks [sɒks]
sofort	right away [raɪt ə'weɪ]
Sohn	son [sʌn]
Sollen wir ... ?	Shall we ... ? [ʃæl]
Sommer	summer ['sʌmə]
sonnig	sunny ['sʌni]
Sonntag	Sunday ['sʌndeɪ]
sonst, außerdem	else [els]
Soße	sauce [sɔ:s]

Sozialarbeiter(in)	social worker ['səʊʃl wɜːkə]
spazieren, zu Fuß gehen	(to) walk [wɔːk]
spät (sein)	(to be) late [leɪt]
später(e, es, er)	later ['leɪtə]
Speck	bacon ['beɪkən]
Speiseeis	ice-cream [aɪs'kriːm]
Speisekarte	menu ['menjuː]
Spiegelei	fried egg [fraɪd 'eg]
Spiel, Schauspiel, (Theater-)Stück	play [pleɪ]
Spielzeug	toy [tɔɪ]
Sport, Sportveranstaltungen	sport(s) [spɔːts]
Sportbekleidung	sportswear ['spɔːtsweə]
sprechen, reden (mit jem.)	(to) speak (to somebody) [spiːk]
Stadt	city ['sɪti], town [taʊn]
Stadtplan	map [mæp]
Stadtzentrum	town/city centre [taʊn, 'sɪti sentə]
Start, Abflug	take-off ['teɪkɒf]
starten, abfliegen	(to) take off [teɪk 'ɒf]
Steak	steak [steɪk]
stehen	(to) stand [stænd]
Steuer	tax [tæks]
Stiefel	boots [buːts]
Stockwerk, Etage, Geschoss	floor [flɔː]
Strand	beach [biːtʃ]
Straße	street [striːt]
Straße, Landstrasse	road [rəʊd]
Strecke, Verkehrslinie	line [laɪn]
Stück	piece [piːs]
Student(in)/Schüler(in)	student ['stjuːdnt]
Stuhl, Sessel	chair [tʃeə]
Stunde	hour ['aʊə]
Sturm	storm [stɔːm]
Süden, südlich	south [saʊθ]
Super *(Benzin)*	super ['suːpə]
Supermarkt	supermarket ['suːpəmɑːkɪt]
Suppe	soup [suːp]
süß	sweet [swiːt]
Süßigkeiten	sweets [swiːts]
System	system ['sɪstəm]

T

T-Shirt	T-shirt ['tiːʃɜːt]
Tafel Schokolade	bar of chocolate [bɑːr əf 'tʃɒklət]
Tag	day [deɪ]
Tagestour, Tagesreise, Tagesausflug	day tour ['deɪ tʊə]
Tankstelle	petrol station ['petrəl steɪʃn]
tanzen	(to) dance [dɑːns]
tanzen gehen	(to) go dancing ['dɑːnsɪŋ]
Tasche, Beutel	bag [bæg]
Tasche, Mappe, Schachtel, Behälter	case [keɪs]
Tasse	cup [kʌp]
tausend	thousand ['θaʊznd]
Taxi	taxi ['tæksi]
Taxistand	taxi stand [stænd]
täglich, jeden Tag	every day ['evri deɪ]

Techniker(in)	technician [tek'nɪʃn]
Tee	tea [tiː]
Telefon	telephone ['telɪfəʊn]
Telefonist(in)	telephone-operator ['telɪfəʊn ɒpəreɪtə]
Telefonkarte	phonecard ['fəʊnkɑːd]
Telegramm	telegram ['telɪgræm]
Telefonanruf	call [kɔːl], phone call ['fəʊn kɔːl]
telefonieren	(to) make a phone call
Telefonzelle	telephone-box ['telɪfəʊn bɒks]
Temperatur	temperature ['temprətʃə]
teuer, teurer	expensive [ɪk'spensɪv], more expensive
Theater (ins ... gehen)	(to go to the) theatre ['θɪətə]
Tisch	table ['teɪbl]
Tochter	daughter ['dɔːtə]
Toilette	toilet ['tɔɪlət]
Tomaten	tomatoes [tə'mɑːtəʊz]
Tourist, Reisende(r)	tourist ['tʊərɪst]
Touristeninformation, Reiseauskunft	tourist infomation centre [ɪnfə'meɪʃn]
Touristenklasse	economy class [ɪ'kɒnəmi klɑːs]
tragen, anhaben	(to) wear [weə]
Transithalle	transit hall ['trænzɪt hɔːl]
treffen, begegnen	(to) meet [miːt]
Treffpunkt	meeting point ['miːtɪŋ pɔɪnt]
Treppe	stairs [steəz]
trocken	dry [draɪ]
Tropfen	drop [drɒp]
tun, machen	(to) do [duː]
Tür	door [dɔː]
U U-Bahnhof *(in London)*	tube station (= underground station) [tjuːb]
üben	(to) practise ['præktɪs]
übermorgen	the day after tomorrow
Übernachtung mit Frühstück	bed and breakfast [bed n 'brekfəst]
überqueren, kreuzen	(to) cross [krɒs]
übrigens	by the way [baɪ ðə 'weɪ]
Uhr (zwei Uhr)	clock [klɒk] (two o'clock)
Uhrzeit	time [taɪm]
Umkleidekabine	changing room ['tʃeɪndʒɪŋ ruːm]
unbeständig *(Wetter)*	unsettled [ʌn'setld]
und	and [ənd]
Unfall	accident ['æksɪdənt]
ungefähr	about [ə'baʊt]
Universität	university [juːnɪ'vɜːsəti]
Universität, Fachhochschule	college ['kɒlɪdʒ]
uns	us [ʌs]
unser(e)	our ['aʊə]
unten	down [daʊn]
unten, nach unten, die Treppe hinunter	downstairs [daʊn'steəz]
unter	under ['ʌndə]
Untergeschoss	basement ['beɪsmənt]
Untergrundbahn, U-Bahn	underground ['ʌndəgraʊnd]
Unterhaltung	entertainment [entə'teɪnmənt]
Unterkunft, Unterbringung	accommodation [əkɒmə'deɪʃn]

Unterrichtsstunde, Lektion	lesson ['lesn]
unterschreiben	(to) sign [saɪn]
Unterschrift	signature ['sɪgnətʃə]

V

vergessen	(to) forget [fə'get]
Vergnügen	pleasure ['pleʒə]
verkaufen	sell [sel]
Verkäufer(in)	shop assistant ['ʃɒp əsɪstənt]
Verkehr	traffic ['træfɪk]
Verkehrsampel	traffic lights ['træfɪk laɪts]
verlassen, lassen	(to) leave [li:v]
verpassen, verfehlen	(to) miss [mɪs]
verschieden	different ['dɪfrənt]
Versicherung	insurance [ɪn'ʃʊərəns]
Versicherungspapiere	insurance papers ['peɪpəz]
Verspätung	delay [dɪ'leɪ]
verspätet	delayed [dɪ'leɪd]
verstehen	(to) understand [ʌndə'stænd]
versuchen, probieren	(to) try [traɪ]
verzeihen	(to) forgive [fə'gɪv]
Verzeihung?/Wie bitte?	Pardon? ['pɑ:dn]
verzollen, angeben	(to) declare [dɪ'kleə]
viel/viele	much [mʌtʃ]/many ['meni]
viel(e)	a lot (of) [ə'lɒtəv]
viel Spaß/eine gute Zeit haben	(to) have a nice time [naɪs 'taɪm]
vielleicht	perhaps [pə'hæps]
vier	four [fɔ:]
Viertel	quarter ['kwɔ:tə]
Viertelstunde	quarter of an hour ['aʊə]
völlig, ganz	fully ['fʊli]
völlig/ganz ausgebucht	fully booked [fʊli 'bʊkt]
Vollpension	full board [fʊl 'bɔ:d]
von (etwas)	of (something) [əv]
von ______ bis ______ *(zeitlich)*	from ______ till ______
von, aus (Land, Stadt)	from [frəm, frɒm]
vor *(räumlich)*	in front of [frʌnt]
vor, vorher, bevor *(zeitlich & räumlich)*	before [bɪ'fɔ:]
vorbei, vorüber, nach	past [pɑ:st]
vorbeigehen, durchgehen	(to) pass [pɑ:s]
Vorführung, Vorstellung, Schau	show [ʃəʊ]
vorgestern	the day before yesterday ['jestədeɪ]
Vorname	forename/first name ['fɔ:neɪm, 'fɜ:st neɪm]
vorne, im vorderen Teil	in the front [frʌnt]
vorsichtig (sein)	(to be) careful ['keəfl]
Vorspeise, Appetitanreger	appetizer ['æpɪtaɪzə]
Vorspeise, erster Gang	first course [kɔ:s]
vorstellen	(to) introduce [ɪntrə'dju:s]
Vorstellung, Aufführung	performance [pə'fɔ:məns]
vorziehen	(to) prefer [prɪ'fɜ:]

W

wählen *(Telefonnummer)*	(to) dial ['daɪəl]
wann	when [wen]
Warenhaus	department store [dɪ'pɑ:tmənt stɔ:]
warm	warm [wɔ:m]

warme Mahlzeit	hot meal [hɒt 'mi:l]
Warteliste	waiting list ['weɪtɪŋ lɪst]
warten	(to) wait [weɪt]
Warteraum	waiting-room ['weɪtɪŋrʊm]
warum	why [waɪ]
Warum nicht?	Why not? [waɪ 'nɒt]
was	what [wɒt]
was für ein(e Art von ...)?	what kind of ... ? [kaɪnd]
Was gibt's?/Was läuft?	What's on? [wɒts 'ɒn]
Was ist los?	What's the matter? ['mætə]
waschen	(to) wash [wɒʃ]
Wasser	water ['wɔ:tə]
Wechselkurs	exchange rate [ɪks'tʃeɪndʒ reɪt]
wechseln, umtauschen	(to) change [tʃeɪndʒ]
Wechselstube	exchange office [ɪks'tʃeɪndʒ], bureau de change [bjʊərəʊ də 'tʃeɪndʒ]
Weg	way [weɪ]
weh tun, schmerzen	(to) hurt [hɜ:t]
Wein	wine [waɪn]
weiß	white [waɪt]
weit, fern	far [fɑ:]
welche(r, s)	which [wɪtʃ]
wenig Zeit haben	(to) be short of time [ʃɔ:t]
wenig, ein wenig	a little ['lɪtl]
weniger, geringer	less [les]
wenn möglich	if possible [ɪf 'pɒsəbl]
wer	who [hu]
werden *(Zukunftsform)*	will *(+ verb)* [wɪl]
Westen, westlich	west [west]
Wetter	weather ['weðə]
Wettervorhersage, -bericht	weather forecast ['fɔ:kɑ:st]
wie	how [haʊ]
Wie bitte? (Ich verstehe Sie nicht.)	Pardon (me)? ['pɑ:dn]
Wie geht es dir/Ihnen?	How are you? [haʊ 'ɑ: ju]
Wie lange ... ?	How long ... ? [lɒŋ]
Wie oft ... ?	How often ... ? ['ɒfn]
Wie oft ... ?/Wie viel mal ... ?	How many times ... ?
Wie wäre es mit ... ?	What about ... ? [wɒt ə'baʊt]
wieder	again [ə'gen]
wiederholen	(to) repeat [rɪ'pi:t]
Wiedersehen.	Goodbye [gʊd'baɪ]
wie viel ... ? *(nicht zählbare Menge)*	how much ... ? ['haʊ mʌtʃ]
Wie viel kostet/kosten ... ?	How much is/are ... ?
wie viele ... ? *(zählbare Menge)*	how many ... ? ['meni]
Wild *(als Essen)*	game [geɪm]
willkommen (heißen)	(to) welcome ['welkəm]
windig	windy ['wɪndi]
Winter	winter ['wɪntə]
wir	we [wi:]
wirklich, tatsächlich	really ['ri:əli]
wissen, kennen	(to) know [nəʊ]
wo	where [weə]
Wo ist ... ?	Where is ... (where's) ['weərɪz, weəz]
Woche	week [wi:k]

Wochenende	weekend [wi:k'end]
Wohnblock, Häuserblock	block [blɒk]
wohnen, leben	(to) live [lɪv]
Wohnhaus *(klein),* Hütte	cottage ['kɒtɪdʒ]
Wohnort, Privatanschrift	home address [həʊm ə'dres]
Wolldecke, Bettdecke	blanket ['blæŋkɪt]
wollen	(to) want [wɒnt]
Wort	word [wɜ:d]
Wörterbuch	dictionary ['dɪkʃənri]
wunderbar	wonderful ['wʌndəfl]
würde sehr gerne	would love (I would = I'd) [aɪd]
Würden Sie .../Würdest du ... ? *(+ Verb)*	Would you ... ? ['wʊd ju]
Wurst	sausage ['sɒsɪdʒ]

Z

Zahn, Zähne	tooth, teeth [tu:θ, ti:θ]
Zahnschmerzen	toothache ['tu:θeɪk]
zehn	ten [ten]
zeigen	(to) show [ʃəʊ]
Zeit, Uhrzeit	time [taɪm]
Zeit angeben	(to) tell the time [tel]
Zeitung	newspaper ['nju:speɪpə]
Zentralheizung	central heating [sentrəl 'hi:tɪŋ]
Zentrum	centre ['sentə]
ziemlich	rather ['rɑ:ðə]
Zigarette	cigarette [sɪgə'ret]
Zimmer	room [ru:m]
Zimmermädchen	room maid [meɪd]
Zitrone	lemon ['lemən]
Zoll	customs ['kʌstəmz]
zollfrei	duty-free [dju:ti 'fri:]
Zoo	zoo [zu:]
zu, allzu *(vor einem Adjektiv)*	too [tu:]
zu Bett gehen, schlafen gehen	(to) go to bed [bed]
zu Hause	at home [həʊm]
zu verkaufen	for sale [fə 'seɪl]
Zucker	sugar ['ʃʊgə]
Zug (mit dem ... fahren/reisen)	(to go by) train [treɪn]
zum Arzt gehen	(to) go to the doctor's ['dɒktəz]
zum Beispiel	for example [fərɪg'zɑ:mpl]
zurück, rückwärts, hinten	back [bæk]
zurück sein	(to) be back
zurückreisen	(to) travel back ['trævl]
zurückrufen	(to) call back [kɔ:l]
zusammen, alles in allem	altogether [ɔ:ltə'geðə]
zwei	two [tu:]
zweimal	twice [twaɪs]
zweite(r, s)	second ['sekənd]
zwischen	between [bɪ'twi:n]

DICTIONARY English	Deutsch
A a/an [ə, ən] *(vor a/e/i/o/u)*	ein(e/es)
a few [ə'fjuː]	einige (wenige)
a little ['lɪtl]	wenig, ein wenig
a lot/a lot of [ə'lɒtəv]	viel(e)
about [ə'baʊt]	ungefähr
abroad [ə'brɔːd]	im/ins Ausland
accident ['æksɪdənt]	Unfall
accommodation [əkɒmə'deɪʃn]	Unterkunft, Unterbringung
ache [eɪk]	Schmerzen
across [ə'krɒs]	auf der anderen Seite, (quer) hinüber
address [ə'dres]	Adresse, Anschrift
after ['ɑːftə]	nach, hinter
after that ['ɑːftə θæt]	danach
afternoon [ɑːftə'nuːn] (in the)	(am) Nachmittag
again [ə'gen]	wieder
agency ['eɪdʒənsi]	Agentur, Geschäftsstelle, Vertretung
air hostess ['eəhəʊstəs]	Airhostess, Flugbegleiterin
air-conditioning ['eəkəndɪʃnɪŋ]	Klimaanlage
aircraft ['eəkrɑːft]	Flugzeug
airline ['eəlaɪn]	Fluggesellschaft
airport ['eəpɔːt]	Flughafen
alcohol ['ælkəhɒl]	Alkohol
all [ɔːl]	alle/alles
all right [ɔːl 'raɪt]	alles ist in Ordnung/richtig
alone [ə'ləʊn]	alleine
along [ə'lɒŋ]	entlang, längs
altogether [ɔːltə'geðə]	zusammen, alles in allem
ambulance ['æmbjələns]	Krankenwagen
and [ənd]	und
another [ə'nʌðə]	noch ein(e), ein(e) andere(r)
answer ['ɑːnsə]	antworten
any ['eni]	irgendein(e, r), irgendwelche(s, r)
anything ['eniθɪŋ]	irgend etwas
anything else? [eniθɪŋ 'els]	noch (irgend) etwas?
anyway ['eniweɪ]	ohnehin, sowieso
appetizer ['æpɪtaɪzə]	Vorspeise, Appetitanreger
apple ['æpl]	Apfel
apple pie ['æpl paɪ]	Apfelkuchen
apprentice [ə'prentɪs]	Lehrling, Auszubildende(r)
armchair ['ɑːmtʃeə]	Sessel, Lehnstuhl
arrival [ə'raɪvl]	Ankunft
arrival time [ə'raɪvl taɪm]	Ankunftszeit
arrive [ə'raɪv]	ankommen
as [əz, æz]	als, so, (so)wie
ask (for something) [ɑːsk]	fragen (nach etwas)
at [ət]	an, bei
autumn ['ɔːtəm]	Herbst
average ['ævərɪdʒ]	durchschnittlich
awful ['ɔːfl]	fürchterlich, schrecklich

B

back [bæk] (at the back)	zurück, rückwärts, (im hinteren Teil)
bacon ['beɪkən]	Speck
bad [bæd]	schlecht
bag [bæg]	Tasche, Beutel
baked [beɪkt]	gebacken
baker ['beɪkə] (at the baker's)	(beim) Bäcker
balcony ['bælkəni]	Rang, Galerie *(Theater)*, Balkon *(Gebäude)*
ball pen/biro ['bɔ:lpen, 'baɪrəʊ]	Kugelschreiber
ballet ['bæleɪ]	Ballett
bank [bæŋk]	Bank
bar [bɑ:]	Bar
bar of chocolate [bɑ:rəv 'tʃɒklət]	Tafel Schokolade
basement ['beɪsmənt]	Untergeschoss
bath, bathroom ['bɑ:θru:m]	Bad(ezimmer)
be [bi:]	sein *(Grundform)*
be back	zurück sein
beach [bi:tʃ] (at the)	(am) Strand
beautiful ['bju:tɪfl]	schön
beauty-case ['bju:ti keɪs]	Kosmetikkoffer
bed [bed]	Bett
bed and breakfast, B & B ['brekfəst]	Übernachtung mit Frühstück
beef [bi:f]	Rindfleisch
beer [bɪə]	Bier
before [bɪ'fɔ:]	vor, vorher, bevor
best [best]	beste(r, s), am besten
better ['betə]	besser
between [bɪ'twi:n]	zwischen
bicycle (to go by) ['baɪsɪkl]	Fahrrad (fahren)
big [bɪg]/bigger ['bɪgə]	groß/größer
bill [bɪl]	Rechnung
birthday ['bɜ:θdeɪ]	Geburtstag
black [blæk]	schwarz
blanket ['blæŋkɪt]	Wolldecke, Bettdecke
block [blɒk]	Wohnblock, Häuserblock
blouse [blaʊz]	Bluse
blue [blu:]	blau
board [bɔ:d]	an Bord gehen, einsteigen
boarding card ['bɔ:dɪŋ kɑ:d]	Bordkarte
boat [bəʊt] (to go by boat)	(mit dem) Boot (fahren)
boat trip ['bəʊt trɪp]	Bootsfahrt
boiled [bɔɪld]	gekocht
boiled egg [bɔɪld 'eg]	gekochtes Ei
book [bʊk]	buchen, bestellen
book [bʊk]	Buch
book shop ['bʊkʃɒp]	Buchhandlung
booked [bʊkt]	gebucht
booking office ['bʊkɪŋ ɒfɪs]	Kasse *(Theater)*, (Fahrkarten-)Schalter
boots [bu:ts]	Stiefel *(Mehrzahl)*
bottle ['bɒtl]	Flasche
box [bɒks]	Schachtel
bread [bred]	Brot
break down ['breɪkdaʊn]	kapputtgehen
break-down service ['breɪkdaʊn sɜ:vɪs]	Abschleppdienst
breakfast ['brekfəst]	Frühstück

bridge [brɪdʒ]	Brücke
bright [braɪt]	klar, hell, heiter
bring [brɪŋ]	bringen
brochure ['brəʊʃə]	Broschüre, Prospekt
broken ['brəʊkən]	gebrochen, zerbrochen, fehlerhaft
broken down	kaputt
brother ['brʌðə]	Bruder
brothers and sisters ['sɪstəz]	Geschwister
brown [braʊn]	braun
buffet service ['bʊfeɪ sɜːvɪs]	Buffet-Wagen-Service *(im Zug)*
building ['bɪldɪŋ]	Gebäude
bureau de change [bjʊərəʊ də 'tʃeɪndʒ]	Wechselstube
bus [bʌs]	Bus, Autobus
bus driver ['draɪvə]	Busfahrer(in)
bus stop [stɒp]	Bushaltestelle
bus terminal ['tɜːmɪnl]	Busendstation, -kopfstation
business (to be on business) ['bɪznəs]	Geschäft (geschäftlich unterwegs sein)
but [bʌt]	aber
butcher ['bʊtʃə] (at the butcher's)	(beim) Metzger, Fleischer
buy [baɪ]	kaufen
by the way [baɪ ðə 'weɪ]	übrigens

C

cake [keɪk]	Kuchen
call [kɔːl]	Telephonanruf
call [kɔːl]	rufen, anrufen
call back [kɔːl 'bæk]	zurückrufen
call out [kɔːl 'aʊt]	ausrufen
camera ['kæmərə]	Kamera
can [kæn, kən]	können
cancel ['kænsl]	streichen, absagen, abbestellen
car [kɑː] (to go by)	(mit dem) Auto (fahren/reisen)
car park, parking ['kɑːpɑːk]	Parkplatz
card [kɑːd]	Karte
careful ['keəfl] (to be)	vorsichtig (sein)
case [keɪs]	Tasche, Mappe, Schachtel, Behälter
cash [kæʃ]	Bargeld, Barzahlung
cash desk ['kæʃ desk]	Kasse *(im Geschäft)*
cash Eurocheques ['jʊərəʊtʃeks]	Euroschecks einlösen
castle ['kɑːsl]	Schloss
cathedral [kə'θiːdrəl]	Kathedrale
centigrade ['sentɪgreɪd]	Celsius
central heating [sentrəl 'hiːtɪŋ]	Zentralheizung
centre ['sentə]	Zentrum
century ['sentʃəri]	Jahrhundert
certainly ['sɜːtnli]	sicher(lich), gewiss
chair [tʃeə]	Stuhl, Sessel
change [tʃeɪndʒ]	wechseln, umtauschen
change money [tʃeɪndʒ 'mʌnɪ]	Geld wechseln
changing room ['tʃeɪndʒɪŋ ruːm]	Umkleidekabine
charge [tʃɑːdʒ]	Kosten, Gebühr
charming ['tʃɑmɪŋ]	bezaubernd, entzückend, reizend
cheap(er) [tʃiːp, 'tʃiːpə]	billig(er)
check [tʃek]	prüfen, kontrollieren, probieren
check in [tʃek 'ɪn]	sich *(zum Flug/beim Hotel)* anmelden

check-in time ['tʃekɪn taɪm]	Anmeldezeit
cheese [tʃiːz]	Käse
chemist ['kemɪst] (at the chemist's)	(in der) Apotheke
chicken ['tʃɪkɪn]	Hähnchen/Huhn
child [tʃaɪld]/children ['ʃɪldrən]	Kind/Kinder
children's department [dɪ'pɑːtmənt]	Kinderabteilung
chilled [tʃɪld]	gekühlt
chips [tʃɪps]	Pommes frites
chocolate ['tʃɒklət]	Schokolade
church [tʃɜːtʃ]	Kirche
cereals [ ]	Getreide, Getreideflocken
cigarette [sɪgə'ret]	Zigarette
cinema ['sɪnəmə]	Kino, Film-, Lichtspieltheater
city ['sɪti]	Stadt
city centre ['sɪti sentə]	Stadtzentrum
civil servant/official [sɪvl 'sɜːvənt/ ə'fɪʃl]	Beamte(r)
class [klɑːs]	Klasse
classical ['klæsɪkl]	klassisch
clean [kliːn]	sauber
clock [klɒk]	(Wand-, Turm-, Stand-) Uhr
close [kləʊz]	schließen
closed [kləʊzd]	geschlossen
clothes [kləʊðz]	Kleider
cloudy ['klaʊdi]	bewölkt
coach [kəʊtʃ]	Reisebus
coat [kəʊt]	Mantel
coffee ['kɒfi]	Kaffee
coke [kəʊk]	Coca Cola
cold [kəʊld] (to have a)	(eine) Erkältung (haben)
cold [kəʊld]	kalt
college ['kɒlɪdʒ]	Universität, Fachhochschule
colour ['kʌlə]	Farbe
come [kʌm]	kommen, her-, herbeikommen
Come on! [kʌm 'ɒn]	Komm!
compact disc [kəmpækt 'dɪsk]/CD [siː'diː]	CD
concert hall ['kɒnsət hɔːl]	Konzerthalle
confirm [kən'fɜːm]	bestätigen
continent ['kɒntɪnənt]	Kontinent, Festland, Europa
continental [kɒntɪ'nentl]	kontinental, europäisch
continental size [saɪz]	*Konfektionsgröße außerhalb Großbritanniens*
corner ['kɔːnə] (at the)	(an der) Ecke
cost [kɒst]	kosten
cottage ['kɒtɪdʒ]	kleines Wohnhaus, Hütte
cough [kɒf] (to have a)	Husten (haben)
country ['kʌntri]	Land/Gegend
cover charge ['kʌvə tʃɑːdʒ]	Gedeckkosten
cream [kriːm]	Sahne, Rahm
creamed potatoes [kriːmd pə'teɪtəʊz]	Kartoffelbrei, -püree
cross [krɒs]	überqueren, kreuzen
cup [kʌp]	Tasse
customs ['kʌstəmz]	Zoll

D dance [dɑːns]	tanzen
dark [dɑːk]	dunkel
dark blue [dɑːk 'bluː]	dunkelblau
date [deɪt]	Datum
daughter ['dɔːtə]	Tochter
day [deɪ]	Tag
day tour ['deɪ tʊə]	Tagestour, Tagesreise, Tagesausflug
dear [dɪə]	lieb, teuer, *(Brief: Sehr geehrte(r))*
declare [dɪ'kleə]	verzollen, angeben
deep fried [diːp'fraɪd]	tief/stark gebraten
degree [dɪ'griː]	Grad
delay [dɪ'leɪ]	Verspätung
delayed [dɪ'leɪd]	verspätet
department [dɪ'pɑːtmənt]	Abteilung
department store [dɪ'pɑːtmənt stɔː]	Warenhaus
departure [dɪ'pɑːtʃə]	Abflug, Abfahrt
departure time [dɪ'pɑːtʃə taɪm]	Abflugszeit
deposit [dɪ'pɒzɪt]	deponieren
desk [desk]	Schreibtisch
dessert [dɪ'zɜːt]	Nachspeise
destination [destɪ'neɪʃn]	Ankunftsort, Richtung, Reiseziel
dial ['daɪəl]	wählen *(Telefonnummer)*
dialogue ['daɪəlɒg]	Dialog
dictionary ['dɪkʃənri]	Wörterbuch
different ['dɪfrənt]	verschieden
difficult ['dɪfɪkəlt]	schwierig
dine out	auswärts essen
dinner ['dɪnə]	Abendessen, Hauptmahlzeit
direction [dɪ'rekʃn]	Richtung
dish [dɪʃ]	Gericht, Speise
do [duː]	tun, machen
doctor ['dɒktə] (at the doctor's)	(beim) Arzt/(bei der)Ärztin
Don't mention it. ['menʃn]	Nicht der Rede wert. Schon gut.
door [dɔː]	Tür
double ['dʌbl]	doppelt, zweifach
double bed [dʌbl 'bed]	Doppelbett
double room [dʌbl 'ruːm]	Doppelzimmer
double-decker bus [dʌbl'dekə]	doppelstöckiger Bus
down [daʊn]	hinunter, (nach) unten
downstairs [daʊn'steəz]	unten, nach unten, die Treppe hinunter
dozen ['dʌzn]	Dutzend
dress [dres]	Kleid
dressing ['dresɪŋ]	Salatsoße
drink [drɪŋk]	Getränk
drive [draɪv]	lenken, fahren *(Auto)*
driving licence ['draɪvɪŋ 'laɪsns]	Führerschein
drop [drɒp]	Tropfen
dry [draɪ]	trocken
duty-free [djuːti'friː]	zollfrei
duty-free shop [ʃɒp]	Laden für zollfreie Ware
E each other [iːtʃ 'ʌðə]	einander
ear [ɪə]	Ohr
ear drops ['ɪə drɒps]	Ohrentropfen

early ['ɜːli] (earlier)	früh, (frühere(r,es))
east [iːst]	Osten, östlich
eastbound ['iːstbaʊnd]	nach Osten (gehend), Richtung Osten
easy ['iːzi]	leicht
eat [iːt]	essen
economy [ɪ'kɒnəmi]	Touristenklasse
egg [eg]	Ei
elegant ['elɪgənt]	elegant
elevator *(USA)* ['elɪveɪtə]	Aufzug
else [els]	sonst, außerdem
emergency [ɪ'mɜːdʒənsi]	Notlage, Notfall
emergency exit ['eksɪt]	Notausgang
emergency telephone ['telɪfəʊn]	Not-Telefon
engaged [ɪn'geɪdʒd]	besetzt
engineer [endʒɪ'nɪə]	Ingenieur(in)
English breakfast ['brekfəst]	englisches Frühstück *(mit Eierspeisen)*
entertainment [entə'teɪnmənt]	Unterhaltung
escalope ['eskəlɒp]	Schnitzel
evening. ['iːvnɪŋ] (in the)	(am) Abend
every ['evri]	jede(r, s, m)
every day ['evri deɪ]	jeden Tag, täglich
everybody ['evribɒdi]	jeder(mann), alle
everything ['evriθɪŋ]	alles
example [ɪg'zɑːmpl]	Beispiel
exchange office [ɪks'tʃeɪndʒ]	Wechselstube
exchange rate [ɪks'tʃeɪndʒ reɪt]	Wechselkurs
Excuse me, ... [ɪk'skjuːz mɪ]	Entschuldigen Sie, .../Verzeihung, ...
exit ['eksɪt]	Ausgang
expensive [ɪk'spensɪv]	teuer
extra charge ['ekstrə]	Extra-, Nebenkosten
extras ['ekstrəz]	Nebenkosten
eye [aɪ]	Auge
eye drops	Augentropfen

F

family ['fæməli]	Familie
family name ['fæməli neɪm]	Familienname
far [fɑː]	weit, fern
fare [feə]	Fahrgeld, Fahrpreis
farmhouse ['fɑːmhaʊs]	Bauernhaus
fashion shop ['fæʃn]	Modegeschäft
fast [fɑːst]	schnell
fast train [fɑːst 'treɪn]	Schnellzug
fasten ['fɑːsn]	befestigen, anbinden
feel [fiːl]	fühlen, sich fühlen
feel sick [fiːl 'sɪk]	sich krank/unwohl fühlen
ferry ['feri] (to go by)	(mit der) Fähre (reisen)
fever ['fiːvə] (to have a)	Fieber (haben)
fill [fɪl]	füllen, einfüllen
fill in [fɪl 'ɪn]	ausfüllen *(Formular)*
fill up [fɪl 'ʌp]	auffüllen
fillet ['fɪlɪt]	Filet
film [fɪlm]	Film
finally ['faɪnəli]	schließlich, zuletzt, endlich
find [faɪnd]	finden

fine [faɪn] (That's fine.)	(Das ist) in Ordnung/gut (so)
fine [faɪn] (I'm fine.)	fein, ausgezeichnet (Es geht mir gut.)
finish ['fɪnɪʃ]	beenden
first [fɜːst]	erst, zuerst, erstens
first class [fɜːst 'klɑːs]	erste(r) (1.) Klasse
first course [fɜːst 'kɔːs]	Vorspeise, erster Gang
first name [fɜːst 'neɪm]	Vorname
fish [fɪʃ]	Fisch
fit [fɪt] (it fits)	passen, sitzen (es passt)
flight [flaɪt]	Flug
floor [flɔː]	Stockwerk, Etage, Geschoss
flower ['flaʊə]	Blume
fly [flaɪ]	fliegen
fog [fɒg]	Nebel
follow ['fɒləʊ]	folgen
food [fuːd]	Essen, Speise, Nahrung
food department [fuːd dɪ'pɑːtmənt]	Lebenmittelabteilung
foot/feet [fʊt, fiːt]	Fuß/Füße
for [fə, fɔː]	für
for example [fərɪg'zɑːmpl]	zum Beispiel
for sale [fə 'seɪl]	zu verkaufen
forecast ['fɔːkɑːst]	Vorhersage, Voraussage
forename/first name ['fɔːneɪm/ fɜːst neɪm]	Vorname
forget [fə'get]	vergessen
forgive [fə'gɪv]	verzeihen
form [fɔːm]	Formular
free [friː]	frei
free of charge [friː əf 'tʃɑːdʒ]	kostenlos, umsonst
French fried (potatoes) [frentʃ 'fraɪd]	Pommes frites
fresh [freʃ]	frisch
fried [fraɪd]	gebraten
fried egg [fraɪd 'eg]	Spiegelei
friend [frend]	Freund(in)
from [frəm, frɒm]	von, aus
from ... till ... [frəm, tɪl]	von ... bis ... *(zeitlich)*
fruit [fruːt]	Früchte, Obst
fruit cocktail ['kɒkteɪl]	Früchtecocktail
full address [fʊl ə'dres]	vollständige Adresse
full board [fʊl 'bɔːd]	Vollpension
full day tour [fʊl deɪ 'tʊə]	Ganztages-Ausflug
fully ['fʊli]	völlig, ganz
fully booked ['fʊli bʊkt]	völlig/ganz ausgebucht

G

gallery ['gæləri]	Galerie
game [geɪm]	Wild *(zum Essen)*
garage ['gærɑːʒ]	Garage
garden ['gɑːdn]	Garten
gate [geɪt]	Zugang, Sperre, Tor, Flugsteig
gentleman ['dʒentlmən]	Herr
get [get]	erhalten, bekommen, besorgen
get off [get 'ɒf]	aussteigen
get to [get]	kommen nach
get up [get 'ʌp]	aufstehen
gift [gɪft]	Geschenk

give [gɪv]	geben
give (someone) a lift [lɪft]	jemanden mit dem Auto mitnehmen
glass [glɑːs]	Glas
go [gəʊ]	gehen
go by bicycle ['baɪsɪkl]	Fahrrad fahren
go by car [kɑː]	mit dem Auto fahren/reisen
go by plane [pleɪn]	mit dem Flugzeug reisen
go by train [treɪn]	mit dem Zug reisen
go dancing/swimming	tanzen/schwimmen gehen
go on foot [fʊt]	zu Fuß gehen
go on holiday ['hɒlədeɪ]	in die Ferien gehen
go shopping ['ʃɒpɪŋ]	einkaufen (gehen)
go to bed [bed]	zu Bett gehen, schlafen gehen
good [gʊd]	gut
Good afternoon. [ɑːftə'nuːn]	Guten Tag. *(am Nachmittag)*
Good evening. ['iːvnɪŋ]	Guten Abend.
Good morning. ['mɔːnɪŋ]	Guten Morgen.
Goodbye. [gʊd'baɪ]	Auf Wiedersehen.
grapefruit ['greɪpfruːt]	Pampelmuse
great [greɪt]	groß, großartig
green [griːn]	grün
grey [greɪ]	grau
grilled [grɪld]	gegrillt(e, r, s)
grocer's ['grəʊsəz] (at the grocer's)	(beim/im) Lebensmittelladen
ground [graʊnd]	Grund, Boden, Erde
ground floor [graʊnd 'flɔː]	Erdgeschoss.
ground hostess [graʊnd 'həʊstəs]	Bodenpersonal, weiblich
guest [gest]	Gast
guest-house ['gesthaʊs]	Pension, Gästehaus
guide [gaɪd]	Reisebegleiter, Leiter, Führer
guide book ['gaɪdbʊk]	Reisebuch
guided tour [gaɪdɪd 'tʊə]	Besichtigungstour mit Führung

H

half [hɑːf]	halb
half day tour [tʊə]	Halbtages-Ausflug
half an hour ['aʊə]	eine halbe Stunde
hall [hɔːl]	Halle
ham [hæm]	Schinken
hand luggage ['hændlʌgɪdʒ]	Handgepäck
handbag ['hændbæg]	Handtasche
harbour ['hɑːbə]	Hafen
hat [hæt]	Hut
have [hæv]/have got [həv gɒt]	haben, besitzen
have a drink [drɪŋk]	etwas trinken (gehen)
have a look [lʊk]	nachschauen
have a nice time [naɪs 'taɪm]	viel Spaß/eine gute Zeit haben
have breakfast ['brekfəst]	frühstücken
have dinner ['dɪnə]	zu Abend essen
have lunch [lʌntʃ]	zu Mittag essen
he [hiː]	er
head [hed]	Kopf
headache ['hedeɪk] (to have a)	Kopfweh, -schmerzen (haben)
heating ['hiːtɪŋ]	Heizung
Hello. [hə'ləʊ]	Hallo./Guten Tag.

help [help]	helfen
her [hɜː]	ihr(e) *(weiblich)*
here [hɪə]	hier
Here you are. ['hɪəjuɑː]	Hier bitte./Bitte schön.
high [haɪ]	hoch
hill [hɪl]	Hügel
him [hɪm]	ihn, ihm, sich
his [hɪz]	sein(e) *(männlich)*
historical [hɪ'stɒrɪkl]	historisch, geschichtlich
hold [həʊld]	halten, festhalten
Hold on. [həʊld 'ɒn]	Bleiben Sie am Apparat.
holiday ['hɒlədeɪ] (to go on)	(in die) Ferien (gehen/reisen)
home [həʊm] (to be at home)	zu Hause (sein)
home address [həʊm ə'dres]	Wohnort, Privatanschrift
home country ['kʌntri]	Heimat, Vaterland
home town [taʊn]	Geburts-, Heimatstadt
honey ['hʌni]	Honig
hope [həʊp]	hoffen
host/hostess [həʊst/ 'həʊstəs]	Gastgeber(in)
hot [hɒt]	heiß
hot meal [hɒt 'miːl]	heiße/warme Mahlzeit
hotel [həʊ'tel]	Hotel
hour ['aʊə]	Stunde
house [haʊs]	Haus
housewife ['haʊswaɪf]	Hausfrau
how [haʊ]	wie
How do you do. [haʊ djʊ 'duː]	Guten Tag. *(Bei Vorstellung)*
How many ... ? [haʊ 'meni]	Wie viele ... ? *(zählbare Menge)*
How many times ... ? [taɪmz]	Wie oft ... ? Wie viel mal ...?
How much ... ? [mʌtʃ]	Wie viel ... ? *(nicht zählbare Menge)*
How much is it?	Wie viel kostet es?
How often ... ? ['ɒfn]	Wie oft ... ?
hundred ['hʌndrəd]	hundert
hungry ['hʌŋgri] (to be)	hungrig (sein)
hurt [hɜːt]	weh tun, schmerzen
husband ['hʌzbənd]	Ehemann, Gatte

I

I [aɪ]	ich
I'd like ... [aɪd 'laɪk]	Ich möchte gerne ...
I'd like to know if ...	Ich möchte wissen, ob ...
I'm afraid. [ə'freɪd]	Es tut mir leid. Ich bedaure.
I'm sorry. [aɪm 'sɒri]	Es tut mir leid. Ich bitte um Verzeihung.
ice [aɪs]	Eis
ice-cream [aɪs'kriːm]	Speiseeis
idea [aɪ'dɪə]	Idee, Gedanke, Vorschlag
if [ɪf]	ob, wenn, falls
if possible [ɪf 'pɒsəbl]	wenn möglich
ill [ɪl] (to be)	krank (sein)
in [ɪn]	in
in advance [əd'vɑːns]	im Voraus
in the front [frʌnt]	vorne, im vorderen Teil
in front of [frʌnt]	vor *(räumlich)*
included [ɪn'kluːdɪd]	inbegriffen
industrial [ɪn'dʌstriəl]	gewerblich, industriell, Industrie-

information centre [ɪnfə'meɪʃn sentə]	Information, Auskunft
information desk [ɪnfə'meɪʃn desk]	Informationsschalter
insert [ɪn'sɜːt]	einsetzen, einfügen, hineinstecken
instruction [ɪn'strʌkʃn]	Anweisung, Anordnung, Vorschrift
insurance [ɪn'ʃʊərəns]	Versicherung
insurance papers ['peɪpəz]	Versicherungspapiere
interested in ['ɪntrəstɪd] (to be)	sich interessieren für
interesting ['ɪntrəstɪŋ]	interessant
international [ɪntə'næʃnəl]	international
interval ['ɪntəvl]	Pause, Abstand, Unterbrechung
introduce [ɪntrə'djuːs]	vorstellen
invite [ɪn'vaɪt]	einladen
it [ɪt]	es
It says [sez] ...	Es heißt/Es steht geschrieben ...
It takes ... [teɪks]	Man braucht/Es dauert ... *(Zeit)*
It works. [wɜːks]	Es funktioniert.

J

jacket ['dʒækɪt]	Jacke
jam [dʒæm]	Marmelade, Konfitüre
job [dʒɒb]	Beschäftigung, Tätigkeit, Arbeit
journey ['dʒɜːni]	Reise
journey time [taɪm]	Reisezeit
juice [dʒuːs]	Saft
just [dʒʌst]	gerade, (nur)

K

key [kiː]	Schlüssel
kind [kaɪnd]	nett, freundlich
kind(est) regards [kaɪndɪst rɪ'gɑːdz]	freundliche, (beste) Grüße
know [nəʊ]	wissen, kennen

L

label ['leɪbl]	Etikett, Anhänger
Ladies ['leɪdɪz]	Damentoilette
Ladieswear ['leɪdɪzweə]	Damenabteilung
ladies' wear ['leɪdɪz weə]	Damenbekleidung
lady ['leɪdi]	Dame
large [lɑːdʒ]	groß
lake [leɪk]	See
lamb [læm]	Lammfleisch
lamb cutlet [læm 'kʌtlɪt]	Lammkotelett
land [lænd]	landen *(Flugzeug)*
landing ['lændɪŋ]	Landung
lane [leɪn]	Gasse, Gässchen
last [lɑːst]	dauern
last [lɑːst]	letzt(e), vorig(e)
late [leɪt] (to be)	spät (sein)
later ['leɪtə]	später(e, es, er
lead/leaded petrol [led/ ledɪd 'petrəl]	Blei/verbleites Benzin
leave [liːv]	verlassen, lassen
left [left]	links
left (to be)	übrig bleiben
lemon ['lemən]	Zitrone
less [les]	weniger, geringer
lesson ['lesn]	Unterrichtsstunde, Lektion
let [let]	lassen, zulassen

Let's (let us) [lets] ...	Lasst uns/Wir wollen ...
letter ['letə]	Brief
letter box ['letə bɒks]	Briefkasten
lie down [laɪ]	hinlegen, sich hinlegen
life vest ['laɪf vest]	Schwimmweste
lift [lɪft]	Aufzug
light [laɪt]	hell, licht, leicht
light blue [blu:]	hellblau
like [laɪk]	gern mögen, gern haben
line [laɪn]	Leitung *(Telefon)*
line [laɪn]	Strecke, Verkehrslinie
list [lɪst]	Liste
listen ['lɪsn]	hören, zuhören
live [lɪv]	wohnen, leben
lobby ['lɒbi]	Halle, Hotelhalle
local call ['ləʊkl]	Ortsgespräch
long(er) [lɒŋ, 'lɒŋgə]	lang (länger)
long distance call [lɒŋ 'dɪstəns kɔ:l]	Ferngespräch
look [lʊk] (at)	(an)sehen, betrachten, (an)schauen
look [lʊk]	Blick
love [lʌv]	Liebe
love [lʌv]	lieben, sehr gerne mögen
luggage ['lʌgɪdʒ]	Gepäck
lunch [lʌntʃ]	Mittagessen
lunch time ['lʌntʃ taɪm]	Mittagszeit

M

machine [mə'ʃi:n]	Apparat, Automat
madam ['mædəm]	gnädige Frau
mail box ['meɪl bɒks] *(USA)*	Briefkasten
main dish [meɪn 'dɪʃ]	Hauptgericht
mainly ['meɪnli]	hauptsächlich, vor allem
make [meɪk]	machen, anfertigen, herstellen
make a phone call ['fəʊn kɔ:l]	telefonieren
man/men [mæn/ men]	Mann/Männer
manager, ['mænɪdʒə]/manageress [mænɪdʒə'res]	Geschäftsführer(in)/Filialleiter(in)
many ['meni]	viele
map [mæp]	Stadtplan
market ['mɑ:kɪt]	Markt
marmalade ['mɑ:məleɪd]	Orangenkonfitüre
matinée ['mætɪneɪ]	Nachmittagsvorstellung
matter ['mætə]	Angelegenheit, Sache
may [meɪ]	können, dürfen
me [mɪ:]	mir, mich
meal [mi:l]	Mahlzeit
meat [mi:t]	Fleisch
mechanic [mɪ'kænɪk]	Mechaniker(in), Maschinist(in), Monteur(in)
medicine ['medsɪn]	Medizin
medium ['mi:diəm]	mittel
meet [mi:t]	treffen, begegnen
meeting point ['mi:tɪŋ pɔɪnt]	Treffpunkt
Menswear ['menzweə]	Herrenabteilung
men's wear ['menz weə]	Herrenbekleidung
mention ['menʃn]	erwähnen

menu ['menjuː]	Speisekarte, Menü
message ['mesɪdʒ] (to leave a)	Mitteilung, Nachricht (hinterlassen)
middle ['mɪdl] (in the)	(in der) Mitte, (inmitten)
mile [maɪl]	Meile *(1,6 km)*
milk [mɪlk]	Milch
mind [maɪnd]	kümmern um, etwas haben gegen
mineral water ['mɪnərəl wɔːtə]	Mineralwasser
minute ['mɪnɪt]	Minute
miss [mɪs]	verpassen, verfehlen
Miss [mɪs] *(+ name)*	Fräulein *(+ Name)*
mistake [mɪ'steɪk]	Fehler, Irrtum, Missverständnis
mixed [mɪkst]	gemischt
mixed salad ['sæləd]	gemischter Salat
modern ['mɒdən]	modern
moment ['məʊmənt]	Augenblick
money ['mʌni]	Geld
month [mʌnθ]	Monat
more [mɔː]	mehr
more expensive [ɪk'spensɪv]	teurer
morning ['mɔːnɪŋ] (in the)	(am) Morgen
Mr ['mɪstə] *(+ name)*	Herr *(+ Name)*
Mrs ['mɪsɪz] *(+ name)*	Frau *(+ Name)*
much [mʌtʃ]	viel
museum [mju'zɪəm]	Museum
mushrooms ['mʌʃrʊmz]	Pilze
music ['mjuːzɪk]	Musik
must [mʌst]	müssen
my [maɪ]	mein(e)

N

name [neɪm]	Name
national ['næʃnəl]	national, staatlich
nationality [næʃə'næləti]	Nationalität, Staatsangehörigkeit
near [nɪə]	in der Nähe (von)
nearby [nɪə'baɪ]	in der Nähe
nearest ['nɪərɪst]	nächst, am nächsten gelegene
need [niːd]	benötigen, (dringend) gebrauchen
neighbour ['neɪbə]	Nachbar(in)
never ['nevə]	nie(mals)
Never mind. [nevə 'maɪnd]	Es macht nichts (aus). Schon gut.
new [njuː]	neu
newest ['njuːɪst]	neuste(r, s)
newspaper ['njuːspeɪpə]	Zeitung
next [nekst]	nächstliegend, folgend
nice [naɪs]	nett, schön
night [naɪt] (at night)	(in der) Nacht, (nachts)
night club ['naɪtklʌb]	Nachtklub
no [nəʊ]	nein
no (milk) [mɪlk]	kein(e) (Milch)
non-alcoholic drink [nɒn ælkə'hɒlɪk]	alkoholfreies Getränk
non-smoking [nɒn 'sməʊkɪŋ]	Nichtraucher, Rauchen verboten
north [nɔːθ]	Norden, nördlich
northbound ['nɔːθbaʊnd]	nach Norden (gehend), Richtung Norden
not [nɒt]	nicht
not any more [eni 'mɔː]	nicht mehr

not really ['rɪəli]	eigentlich nicht
note [nəʊt]	Banknote
nothing ['nʌθɪŋ]	nichts
now [naʊ]	jetzt
number ['nʌmbə]	Nummer
numbered ['nʌmbəd]	nummeriert
nurse [nɜːs]/male nurse	Krankenschwester/Krankenpfleger

O

of [ɒv]	von
of course [əf 'kɔːs]	selbstverständlich, natürlich
offer ['ɒfə]	anbieten
offer ['ɒfə]	Angebot, Offerte
office clerk ['ɒfɪs klɑːk]	(Büro) Angestellte(r)
office ['ɒfɪs]	Büro
often ['ɒfn]	oft
Oh dear! [əʊ 'dɪə]	Ach je! Du liebe Zeit!
oil [ɔɪl]	Öl
okay [əʊ'keɪ]	in Ordnung
old [əʊld]	alt
omelette ['ɒmlət]	Omelette, Pfannkuchen
on [ɒn]	auf, an, zu, bei
on business ['bɪznɪs] (to be)	auf Geschäftsreise (sein), geschäftlich
on foot (to go)	zu Fuß (gehen)
on holiday (to be)	in den Ferien (sein)
on time (to be)	pünktlich (sein)
On your right/left.	Rechts/links. Zu Ihrer/ deiner Rechten/Linken.
once [wʌns]	einmal
only ['əʊnli]	nur
open ['əʊpən]	offen
open ['əʊpən]	öffnen
opera ['ɒprə]	Oper
opposite ['ɒpəzɪt]	gegenüber(liegend)
or [ɔː]	oder
orange juice ['ɒrɪndʒ dʒuːs]	Orangensaft
organise ['ɔːgənaɪz]	organisieren
our ['aʊə]	unser(e)
out of order [aʊt əv 'ɔːdə]	außer Betrieb
outlook ['aʊtlʊk]	Aussicht, Erwartung *(Wetter)*
outside [aʊt'saɪd]	draußen, außen, außerhalb
over there ['əʊvə]	dort drüben

P

pair [peə] (of shoes)	Paar (Schuhe)
Pardon. ['pɑːdn]	Verzeihung.
Pardon (me)? ['pɑːdn]	Wie bitte? (Ich verstehe Sie nicht.)
park [pɑːk]	Park, Anlage
park [pɑːk]	parken
pass [pɑːs]	vorbeigehen, durchgehen
passenger ['pæsɪndʒə]	Passagier, Fluggast
passport ['pɑːspɔːt]	Reisepass
past [pɑːst]	vorbei, vorüber, nach
pay [peɪ]	bezahlen
pay by cheque [baɪ 'tʃek]	mit Scheck bezahlen
pay cash [kæʃ]	bar bezahlen

pence [pens]	Penny *(Mehrzahl; brit. Währungseinheit)*
penny ['peni]	Penny *(brit. Währungseinheit)*
people ['pi:pl]	Leute, Volk
performance [pə'fɔ:məns]	Vorstellung, Aufführung
perfume ['pɜ:fju:m]	Parfüm
perhaps [pə'hæps]	vielleicht
petrol ['petrəl]	Benzin, Treibstoff
petrol station [steɪʃn]	Tankstelle
phone call ['fəʊn kɔ:l]	Telefonanruf
phonecard ['fəʊnkɑ:d]	Telefonkarte
picture ['pɪktʃə]	Bild
picture postcard [pɪktʃə 'pəʊstkɑ:d]	Ansichtskarte
piece [pi:s]	Stück
pill [pɪl]	Pille, Tablette
pillow ['pɪləʊ]	Kissen
pilot ['paɪlət]	Pilot(in)
pink [pɪŋk]	rosa
pint [paɪnt]	Maß *(brit. 0,57 lt, amer. 0,47 lt.)*
pint of beer [paɪnt, bɪə]/half a pint	ein großes Bier/ein kleines Bier
place [pleɪs]	Ort, Platz
plane, aeroplane [pleɪn, 'eərəpleɪn] (to go by)	(mit dem) Flugzeug (reisen)
platform ['plætfɔ:m]	Bahnsteig
play [pleɪ]	Spiel, Schauspiel, (Theater-)Stück
please [pli:z]	bitte
pleasure ['pleʒə]	Vergnügen
point [pɔɪnt]	Punkt
police [pə'li:s]	Polizei
policeman [pə'li:smən]/policewoman	Polizist/in
porter ['pɔ:tə]	Portier, Pförtner
possible ['pɒsəbl]	möglich
possibly ['pɒsəbli]	eventuell, möglicherweise
post a letter [pəʊst]	abschicken (Brief), aufgeben, einstecken
post office ['pəʊst ɒfɪs] (at the)	(beim) Postamt
postcard ['pəʊstkɑ:d]	Postkarte
potatoes [pə'teɪtəʊz]	Kartoffeln
pound [paʊnd]	Pfund *(Gewicht und Geld)*
practise ['præktɪs]	üben
prawn cocktail ['prɔ:n kɒkteɪl]	Krabbencocktail
prefer [prɪ'fɜ:]	vorziehen
prescription [prɪ'skrɪpʃn]	Rezept *(ärztlich)*
price [praɪs]	Preis
private ['praɪvɪt]	privat
programme ['prəʊgræm]	Programm
pub (public bar) [pʌb]	Kneipe, Bierwirtschaft
public ['pʌblɪk]	öffentlich
public telephone ['telɪfəʊn]	öffentliches Telefon
public toilet ['tɔɪlət]	öffentliche Toilette
public transport ['trænspɔ:t]	öffentliche(r) Verkehr(smittel)
pullover ['pʊləʊvə]	Pullover
put [pʊt]	setzen, legen, stellen

Q

quarter ['kwɔ:tə]	Viertel
quarter of an hour	Viertelstunde
question ['kwestʃən]	Frage

quick [kwɪk]	schnell

R

radio ['reɪdiəʊ]	Radio
railway ['reɪlweɪ]	Eisenbahn
railway official ['reɪlweɪ əfɪʃl]	Bahnbeamter
railway station ['steɪʃn]	Bahnhof
rain [reɪn]	Regen
raincoat ['reɪnkəʊt]	Regenmantel
rainy ['reɪni]	regnerisch
rare [reə]	halbgar
rather ['rɑːðə]	ziemlich
read [riːd]	lesen
ready ['redi] (to be)	bereit, fertig (sein)
really ['rɪəli]	wirklich, tatsächlich
rear (at the rear) [rɪə]	hinterer Teil (im hinteren Teil, am Ende)
receipt [rɪ'siːt]	Quittung
reception [rɪ'sepʃn]	Rezeption, Empfang
receptionist [rɪ'sepʃnɪst]	Empfangsdame/Empfangschef
recommend [rekə'mend]	empfehlen
record ['rekɔːd]/CD [siː'diː]	Schallplatte/CD
record shop [ʃɒp]	Schallplattengeschäft
red [red]	rot
refrain (from) [rɪ'freɪn]	sich (von etwas) enthalten
regards [rɪ'gaːds]	Grüsse
regular (petrol) ['regjələ]	Normal (Benzin)
regularly ['regjələli]	regelmäßig
remember [rɪ'membə]	erinnern, denken an, sich erinnern an
rent [rent]	mieten
repeat [rɪ'piːt]	wiederholen
reservation [resə'veɪʃn]	Reservierung
reserve [rɪ'zɜːv]	reservieren
reserved [rɪ'zɜːvd]	reserviert
restaurant ['restrɒnt]	Restaurant, Gaststätte
restaurant service ['restrɒnt sɜːvɪs]	Bordrestaurant im Zug
return ticket [rɪ'tɜːn]	Rückfahrkarte
reverse charge call [rɪvɜːs 'tʃɑːdʒ]	R-Gespräch *(Empfänger bezahlt)*
rice [raɪs]	Reis
right [raɪt] (on the)	rechts
right [raɪt]	richtig, wahr, in Ordnung
right away [ə'weɪ]	sofort
right turn [tɜːn]	Rechtsabbiegung
river ['rɪvə]	Fluss
road [rəʊd]	Straße, Landstrasse
roast [rəʊst]	Braten(fleisch)
roast beef [rəʊst 'biːf]	Rinderbraten
roll [rəʊl]	Brötchen
room [ruːm]	Zimmer
room maid [meɪd]	Zimmermädchen
round [raʊnd]	rund
round the corner ['kɔːnə]	um die Ecke

S

salad ['sæləd]	Salat
sale [seɪl]	Verkauf, Aus-, Schlussverkauf

salesman ['seɪlzmən]	Geschäfts-/Handelsreisender, Verkäufer
salmon ['sæmən]	Lachs
same (the same) [seɪm]	gleich (das Gleiche)
sandwich ['sænwɪdʒ]	belegtes Brot
sausage ['sɒsɪdʒ]	Wurst
say [seɪ]	sagen
scrambled egg ['skræmbld]	Rührei
srewdriver ['skru:draɪvə]	Schraubenzieher, -dreher
sea [si:]	(die) See, Meer
season ['si:zn]	Jahreszeit
seat [si:t]	Sitz, Platz
seat belt ['si:tbelt]	Anschnallgurt
second ['sekənd]	Sekunde
second ['sekənd]	zweite(r, s)
secretary ['sekrətri]	Sekretärin/Sekretär
see [si:]	sehen
select [sɪ'lekt]	auslesen, auswählen
self-catering [self'keɪtərɪŋ]	Selbstversorgung
self-service [self'sɜ:vɪs]	Selbstbedienung
sell [sel]	verkaufen
send [send]	schicken, senden
separate ['seprət]	getrennt
serve [sɜ:v]	servieren, bedienen
service ['sɜ:vɪs]	Bedienung
settle the bill ['setl ðə bil]	die Rechnung bezahlen/begleichen
Shall we ...? [ʃæl]	Sollen wir ... ?
she [ʃi:]	sie
shirt [ʃɜ:t]	Herrenhemd
shoes [ʃu:z]	Schuhe
shop [ʃɒp]	Geschäft, Laden
shop assistant ['ʃɒp əsɪstənt]	Verkäufer(in)
short(er) [ʃɔ:t, 'ʃɔ:tə]	kurz (kürzer)
short of time (to be)	wenig Zeit (haben)
shorthand typist ['ʃɔ:thænd taɪpɪst]	Stenotypist(in)
show [ʃəʊ]	Vorführung, Vorstellung, Schau
show [ʃəʊ]	zeigen
shower ['ʃaʊə]	Dusche, Regenschauer, -guss
sick [sɪk] (to feel)	(sich) krank, unwohl, übel (fühlen)
sight [saɪt]	Sehenswürdigkeit
sightseeing ['saɪtsi:ɪŋ]	Besichtigung der Sehenswürdigkeiten
sign [saɪn]	unterschreiben
signature ['sɪgnətʃə]	Unterschrift
single ['sɪŋgl]	einfach, einzeln
single room [sɪŋgl 'ru:m]	Einzelzimmer
single ticket [sɪŋgl 'tɪkɪt]	einfache Fahrkarte
sir [sɜ:]	(mein) Herr *(Anredeform)*
sirloin (steak) ['sɜ:lɔɪn]	Lendenstück
sister ['sɪstə]	Schwester
sit [sɪt]	sitzen
sit down	hinsetzen, sich hinsetzen
size [saɪz]	Größe
skirt [skɜ:t]	Damenrock
sleep [sli:p]	schlafen
slot machine ['slɒt məʃi:n]	Automat

slow *(adj.)* [sləʊ], slowly *(adv.)* ['sləʊli]	langsam
small(er) [smɔːl, 'smɔːlə]	klein(er)
small change [smɔːl 'tʃeɪndʒ]	Kleingeld
smoked [sməʊkt]	geräuchert
smoking section ['sməʊkɪŋ sekʃn]	Raucherabteil
soap [səʊp]	Seife
social worker ['səʊʃl wɜːkə]	Sozialarbeiter(in)
socks [sɒks]	Socken, kurze Strümpfe
soft drink [sɒft 'drɪŋk]	alkoholfreies Getränk
sole [səʊl]	Seezunge, Scholle
sold out [səʊld 'aʊt]	ausverkauft
some [sʌm]	etwas, ein wenig
something ['sʌmθɪŋ]	etwas, irgend etwas
sometimes ['sʌmtaɪmz]	manchmal
son [sʌn]	Sohn
sore [sɔː]	endzündet, wund
sore throat (to have a) [θrəʊt]	Halsschmerzen (haben)
Sorry./I'm sorry. ['sɒri]	Es tut mit leid./Verzeihung.
soup [suːp]	Suppe
south [saʊθ]	Süden, südlich
southbound ['saʊθbaʊnd]	nach Süden (gehend), Richtung Süden
souvenir [suːvə'nɪə]	Reiseandenken
speak (to) [spiːk]	sprechen, reden (mit jem.)
Speaking.	Am Apparat. (sprechend)
special ['speʃl]	besondere(r,s)
speciality [speʃi'æləti]	Spezialität
spell [spel]	buchstabieren
spinach ['spɪnɪtʃ]	Spinat
sport(s) [spɔːts]	Sport, Sportveranstaltungen
sportswear	Sportbekleidung
spring [sprɪŋ]	Frühling
square [skweə]	Platz (in der Stadt)
stairs [steəz]	Treppe
stamp [stæmp]	Briefmarke
stand [stænd]	stehen
start [stɑːt]	beginnen
station ['steɪʃn]	Bahnhof
stay [steɪ]	bleiben, sich aufhalten, stehen bleiben
steak [steɪk]	Steak
stomach ['stʌmək]	Magen
stomach-ache (to have a) [eɪk]	Magenschmerzen (haben)
stop [stɒp]	Haltestelle
stop [stɒp]	anhalten
store *(USA)* [stɔː]	Laden, Geschäft
storm [stɔːm]	Sturm
story ['stɔːri]	Geschichte
straight on [streɪt 'ɒn]	geradeaus
street [striːt]	Straße
student ['stjuːdnt]	Student(in)/Schüler(in)
sugar ['ʃʊgə]	Zucker
suit [suːt]	Anzug, Kostüm
suitcase ['suːtkeɪs]	Koffer
summer ['sʌmə]	Sommer
sunny ['sʌni]	sonnig

super (petrol) ['su:pə]	Super (Benzin)
supermarket ['su:pəma:kɪt]	Supermarkt
surname/family name ['sɜ:neɪm]	Familienname
sweet [swi:t]	süß
sweet [swi:t]	Nachtisch, Süßspeise
sweets [swi:ts]	Süßigkeiten
swim (to go swimming) [swɪm]	schwimmen (gehen)
swimming pool ['swɪmɪŋ pu:l]	Schwimmbad
system ['sɪstəm]	System

T

T-shirt ['ti:ʃɜ:t]	T-Shirt
table ['teɪbl]	Tisch
take [teɪk]	nehmen
take a bus [bʌs]	den Bus nehmen/benutzen, mit dem Bus fahren
take a message ['mesɪdʒ]	eine Mitteilung ausrichten/machen
take off [teɪk 'ɒf]	starten, abfliegen
take-off ['teɪkɒf]	Start, Abflug
taken ['teɪkən]	belegt
tax [tæks]	Steuer
taxi ['tæksi]	Taxi
taxi stand [stænd]	Taxistand
tea [ti:]	Tee
teacher ['ti:tʃə]	Lehrer(in)
technician [tek'nɪʃn]	Techniker(in)
telegram ['telɪgræm]	Telegramm
telephone ['telɪfəʊn]	Telefon
telephone-box ['teɪfəʊn bɒks]	Telefonzelle
telephone-operator ['telɪfəʊn ɒpəreɪtə]	Telefonist(in)
television set/TV ['telɪvɪʒn set, ti:'vi:]	Fernsehapparat
tell [tel]	sagen, erzählen
temperature ['temprətʃə]	Temperatur
terminal ['tɜ:mɪnl]	Endstation, Kopfstation
terrible (adj.) ['terəbl]/terribly (adv.) ['terəbli]	furchtbar, schrecklich
Thank you. ['θæŋk jʊ]	Danke.
that [ðæt]	das, dies(e, er, es), jene(r, s)
the [ðə]	der, die, das
the day after tomorrow	übermorgen
the day before yesterday	vorgestern
the same [seɪm]	der-, die-, dasselbe
theatre ['θɪətə]	Theater
their [ðeə]	ihr(e)
them [ðem, ðəm]	sie/ihnen
then [θen]	dann
there [ðeə]	da, dort
There are ... [ðə'ra:]	Es gibt, es hat ... *(Mehrzahl)* ...
There is ... (there's) [ðə'rɪz]	Es gibt, es hat ... *(Einzahl)*
There's no ... [ðeəz nəʊ]	Es gibt kein(e, en) ...
these [θi:z]	diese *(Mehrzahl von "this")*
they [ðeɪ]	sie *(Mehrzahl)*
thick(er) [θɪk, 'θɪkə]	dick(er)
thin(ner) [θɪn, 'θɪnə]	dünn(er)
thirsty ['θɜ:sti] (to be)	durstig (sein)
this [ðɪs]	dies(e, er, es)

those [θəʊz]	jene *(Mehrzahl von "that")*
thousand ['θaʊznd]	tausend
throat [θrəʊt]	Hals
through [θru:]	durch
through train ['θru: treɪn]	durchgehender Zug, D-Zug
thunderstorm ['θʌndəstɔ:m]	Gewitter
ticket ['tɪkɪt]	Fahrkarte, Flugschein, (Eintritts-)Karte
ticket machine ['tɪkɪt məʃi:n]	Fahrkarten Automat
tie [taɪ]	Kravatte
till [tɪl]	bis, bis zu *(zeitlich)*
time [taɪm]	Zeit, Uhrzeit
times (three times)	mal (drei Mal)
timetable ['taɪmteɪbl]	Fahrplan
to [tə, tʊ]	nach, zu, hinzu
toast [təʊst]	geröstetes Brot
today [tə'deɪ]	heute
toilet ['tɔɪlɪt]	Toilette
tomatoes [tə'mɑ:təʊz]	Tomaten
tomorrow afternoon [təmɒrəʊ ɑ:ftə'nu:n]	morgen Nachmittag
tomorrow evening [təmɒrəʊ 'i:vnɪŋ]	morgen Abend
tomorrow morning [təmɒrəʊ 'mɔ:nɪŋ]	morgen früh
tomorrow night [təmɒrəʊ 'naɪt]	morgen Nacht
tonight [tə'naɪt]	heute Nacht, heute Abend
too [tu:]	auch *(am Ende des Satzes)*
too [tu:] (too expensive [ɪk'spensɪv])	zu, allzu (teuer)
tooth/teeth [tu:θ, ti:θ]	Zahn/Zähne
toothache ['tu:θeɪk]	Zahnschmerzen
tour [tʊə]	Reise, Rundreise
touring centre ['tʊərɪŋ 'sentə]	Fremdenzentrum
tourist infomation centre [ɪnfə'meɪʃn]	Touristeninformation, Reiseauskunft
tourist ['tʊərɪst]	Tourist, Reisende(r)
towel ['taʊəl]	Handtuch
town [taʊn]	Stadt
town centre ['sentə]	Stadtzentrum
toy [tɔɪ]	Spielzeug
traffic ['træfɪk]	Verkehr
traffic light(s) [laɪts]	Verkehrsampel(n)
train [treɪn] (to go by)	(mit dem) Zug (reisen/fahren)
train station ['treɪn steɪʃn]	Bahnhof
transit hall ['trænzɪt hɔ:l]	Transithalle
transport ['trænspɔ:t]	Beförderungsmittel
travel ['trævl]	reisen, fahren
travel agency ['trævl eɪdʒənsi]	Reiseagentur, Reisebüro
travel back [trævl 'bæk]	zurückreisen
travel department ['trævl dɪpɑ:tmənt]	Reiseabteilung
trip [trɪp]	Ausflug, (Vergnügungs-)Reise
trousers ['traʊzəz]	Hosen
try [traɪ]	versuchen, probieren
try on [traɪ ' ɒn]	anprobieren
tube station (= underground station) [tju:b]	U-Bahnhof
turn [tɜ:n]	drehen, wenden
turn right/left	nach rechts/links gehen
twice [twaɪs]	zweimal
twin beds [twɪn 'bedz]	getrennte Betten im Doppelzimmer

tyre ['taɪə]	Reifen
U umbrella [ʌm'brelə]	Regenschirm
under ['ʌndə]	unter
underground ['ʌndəgraʊnd]	Untergrundbahn, U-Bahn
understand [ʌndə'stænd]	verstehen
university [ju:nɪ'vɜ:səti]	Universität
unleaded (petrol) [ʌn'ledɪd]	bleifreies (Benzin)
unsettled [ʌn'setld]	unbeständig *(Wetter)*
until [ən'tɪl]	bis, bis zu *(örtlich + zeitlich)*
up [ʌp]	hinauf, (nach) oben
upright position [ʌpraɪt pə'zɪʃn]	aufrechte Stellung/Position
upstairs [ʌp'steəz]	oben, nach oben, die Treppe hinauf
us [ʌs]	uns
V Value Added Tax (VAT) [vælju: 'ædɪd tæks]	Mehrwertsteuer
veal [vi:l]	Kalbfleisch
vegetable ['vedʒtəbl]	Gemüse
very ['veri]	sehr
very well [veri 'wel]	sehr gut
visit ['vɪzɪt]	Besuch
visit ['vɪzɪt]	besuchen
visitor centre ['vɪzɪtə sentə]	Besucherzentrum, Touristeninformation
W wait [weɪt]	warten
waiter/waitress ['weɪtə/ 'weɪtrəs]	Kellner/Kellnerin
waiting list ['weɪtɪŋ lɪst]	Warteliste
waiting-room ['weɪtɪŋru:m]	Warteraum
walk [wɔ:k]	zu Fuß gehen, spazieren
want [wɒnt]	wollen
want to (do something)	etwas tun wollen
warm [wɔ:m]	warm
was (it was) [wɒz]	war (es war)
wash [wɒʃ]	waschen
water ['wɔ:tə]	Wasser
way [weɪ]	Weg
we [wi:]	wir
wear [weə]	tragen, anhaben
wear [weə] (ladies')	(Damen-)Kleidung, Bekleidung
weather ['weðə]	Wetter
weather forecast ['weðə fɔ:kɑ:st]	Wettervorhersage, -bericht
week [wi:k]	Woche
weekend [wi:k'end]	Wochenende
Welcome. ['welkəm]	Willkommen.
well [wel]	gut
well done [wel 'dʌn]	gut durchgebraten
west [west]	Westen, westlich
westbound ['westbaʊnd]	nach Westen (gehend), Richtung Westen
wet [wet]	feucht, nass
what [wɒt]	was
What's on? [wɒts 'ɒn]	Was gibt's? Was läuft?
What about? [wɒt ə'baʊt]	Wie wäre es mit?
What kind of ... ? [kaɪnd]	Was für ein(e Art von ...)?

	What's the matter? ['mætə]	Was ist los?
	when [wen]	wann
	where [weə]	wo
	where to [weə 'tuː]	wohin
	which [wɪtʃ]	welche(r, s)
	white [waɪt]	weiß
	who [huː]	wer
	whole [həʊl]	ganz, vollständig
	why [waɪ]	warum
	Why not?	Warum nicht?
	wife [waɪf]	Ehefrau, Gattin
	will [wɪl] (+ verb)	werden (Zukunftsform)
	window ['wɪndəʊ]	Fenster
	windy ['wɪndi]	windig
	wine [waɪn]	Wein
	winter ['wɪntə]	Winter
	with [wɪð]	mit
	With pleasure. ['pleʒə]	Mit Vergnügen. Gerne.
	without [wɪ'ðaʊt]	ohne
	wonderful ['wʌndəfl]	wunderbar
	word [wɜːd]	Wort
	work [wɜːk]	arbeiten
	work [wɜːk]	Arbeit
	work (it works)	funktionieren (es funktioniert)
	worker ['wɜːkə]	Arbeiter(in)
	workman ['wɜːkmən]	Handwerker
	would like (I would = I'd) [aɪd laɪk]	(ich) möchte/würde gerne
	would like to (do something)	gerne (etwas tun) wollen
	would love [lʌv]	würde sehr gerne
	would prefer [prɪ'fɜː]	würde vorziehen
	Would you like ... ?	Möchtest du/Möchten Sie/ Möchtet ihr ... ?
	write [raɪt]	schreiben
	write down [daʊn]	auf-, niederschreiben
	wrong [rɒŋ]	falsch, nicht in Ordnung
Y	year [jɪə]	Jahr
	yellow ['jeləʊ]	gelb
	yes [jes]	ja
	yesterday ['jestədeɪ]	gestern
	yesterday morning	gestern Morgen/früh
	you [juː]	du/Sie *(Einzahl)*/ihr/Ihr *(Mehrzahl)*
	You're welcome. ['welkəm]	Gern geschehen.
	young [jʌŋ]	jung
	your [jɔː]	Ihr(e), dein(e) *(Einzahl)*, euer/eure *(Mehrzahl)*
Z	zero ['zɪərəʊ], oh	null
	zoo [zuː]	Zoo

Vocabulary

0 *HELLO*

name [neɪm]	Name	
first name ['fɜːst neɪm]	Vorname	
family name ['fæməli neɪm]	Familienname	
your [jɔː]	Ihr(e), dein(e) (*hier Einzahl*)	
what [wɒt]	was	
is [ɪz]	ist	
what is (what's)	wie/was ist	What's your name?
my [maɪ]	mein(e)	My name is John.
hello [hə'ləʊ]	hallo, guten Tag	Hello John.
this [ðɪs]	dies(e, er, es)	
this is [ðɪs ɪz]	dies ist	This is Henry.
Listen	Hören Sie zu.	
Listen and have a look.	Hören Sie zu und schauen Sie.	
Listen and repeat.	Hören Sie zu und wiederholen Sie.	
Read the dialogue.	Lesen Sie den Dialog.	
Write it down.	Schreiben Sie es auf.	
Work with a partner.	Arbeiten Sie mit einem(einer) Partner(in).	
Work in groups.	Arbeiten Sie in Gruppen.	
Ask a partner.	Fragen Sie eine(n) Partner(in).	
Ask and answer.	Fragen und antworten Sie.	
Tell a partner.	Erzählen Sie einem(einer) Partner(in).	
Choose a word.	Suchen Sie sich ein Wort aus.	
Match the words.	Paaren Sie die Wörter.	
Fill in a word.	Füllen Sie ein Wort ein.	
Get up.	Stehen Sie auf.	
Play your role.	Spielen Sie Ihre Rolle.	

1 *WELCOME*

WELCOME	***WILLKOMMEN***
At the airport	Am Flughafen
At the check-in	Am Check-in Schalter
In the transit hall	In der Transithalle
On board	An Bord

At the customs	Beim Zoll	
At the hotel reception	An der Hotel-Rezeption/Am Empfang	

Dialogues

dialogue ['daɪəlɒg]	Dialog	
welcome ['welkəm]	willkommen	Welcome on board.
forename/first name ['fɔːneɪm, 'fɜːst neɪm]	Vorname	Is your first name Mary?
surname/family name ['sɜːneɪm]	Familienname	Is your surname Miller?
sir [sɜː]	(mein) Herr (*Anredeform*)	
madam ['mædəm]	gnädige Frau	
Miss [mɪs] (+ *name*)	Fräulein (+ Name)	
Mr ['mɪstə] (+ *name*)	Herr (+ Name)	
Mrs ['mɪsɪz] (+ *name*)	Frau (+ Name)	
ticket ['tɪkɪt]	Fahrkarte, Flugschein, (Eintritts-)Karte	This is your ticket.
thank you ['θæŋk jʊ]	danke	
please [pliːz]	bitte	Your ticket, please.
suitcase ['suːtkeɪs]	Koffer	Is this your suitcase?
yes [jes]	ja	
it [ɪt]	es	
it is (it's) [ɪt ɪz]	es ist	Yes, it is.
x any ['eni]	irgendein(e), irgendwelche(s, r) x	
luggage ['lʌgɪdʒ]	Gepäck	This is my luggage.
hand luggage ['hændlʌgɪdʒ]	Handgepäck	Any hand luggage?
my [maɪ]	mein(e)	
handbag ['hændbæg]	Handtasche	
bag [bæg]	Tasche, Beutel	
and [ənd]	und	
camera ['kæmərə]	Kamera	
only ['əʊnli]	nur	My handbag and camera only.
right [raɪt]	richtig, wahr, in Ordnung	
all [ɔːl]	alle/alles	
all right	alles ist in Ordnung/richtig	All right.
here [hɪə]	hier	
label ['leɪbl]	Etikett, Anhänger	Here's your label.
to fill [fɪl]	füllen, einfüllen	
to fill in [fɪl 'ɪn]	ausfüllen	Fill in your name.

x bei Fragen nach Subjekt: Getränk, Gepäck,

the [ðə]	der, die, das	Fill in the flight number.
flight [flaɪt]	Flug	What flight number is it?
number ['nʌmbə]	Nummer	It's flight number six-oh-nine.
smoking section ['sməʊkɪŋ sekʃn]	Raucherabteil	
or [ɔː]	oder	
non-smoking [nɒn 'sməʊkɪŋ]	Nichtraucher, Rauchen verboten	Non-smoking section, please.
a/*an* (vor a/e/i/o/u) [ə, ən]	ein(e)	
window ['wɪndəʊ]	Fenster	
seat [siːt]	Sitz, Platz	
possible ['pɒsəbl]	möglich	
if possible [ɪf 'pɒsəbl]	wenn möglich	A window seat, if possible.
very ['veri]	sehr	
much [mʌtʃ]	viel	Thank you very much.
boarding card ['bɔːdɪŋ kɑːd]	Bordkarte	Here's your boarding card.
gate [geɪt]	Zugang, Sperre, Tor, Flugsteig	It's gate number eight.
where [weə]	wo	
where is (where's) [weərɪz, weəz]	wo ist	
duty-free [djuːti'friː]	zollfrei	
duty-free shop [ʃɒp]	Laden für zollfreie Ware	Where's the duty-free shop?
in [ɪn]	in	
hall [hɔːl]	Halle	
transit hall ['trænzɪt hɔːl]	Transithalle	It's in the transit hall.
goodbye [gʊd'baɪ]	auf Wiedersehen	
some [sʌm] ×	etwas, ein wenig ×	
tea [tiː]	Tee	Some tea?
no [nəʊ]	nein	No, thank you. (Yes, please.)
coffee ['kɒfi]	Kaffee	Tea or coffee?
with [wɪð]	mit	
milk [mɪlk]	Milch	Coffee with milk, please.
no milk	keine Milch	No milk, thank you.
drink [drɪŋk]	Getränk	Any drinks?
one [wʌn]	eins	One whisky, please.
ice [aɪs]	Eis	With ice, please.
cigarette [sɪgə'ret]	Zigarette	Some cigarettes, please.
perfume ['pɜːfjuːm]	Parfüm	
alcohol ['ælkəhɒl]	Alkohol	No alcohol or perfume, thank you.

× schon festgelegt: etwas Tee, Kaffee, Butter

juice [dʒuːs]	Saft	
orange juice ['ɒrɪndʒ dʒuːs]	Orangensaft	Some orange juice, please.
just [dʒʌst]	gerade, (nur)	
moment ['məʊmənt]	Augenblick	Just a moment, please.
passport ['pɑːspɔːt]	Reisepass	Your passport, please.
you are [jʊ ɑː]	du bist, Sie sind	
Here you are.	Hier bitte. Bitte schön.	Here you are. (Here's my passport.)
form [fɔːm]	Formular	Fill in this form, please.
to write [raɪt]	schreiben	
to write down [daʊn]	auf-, niederschreiben	Write it down.
address [ə'dres]	Adresse, Anschrift	
home address [həʊm ə'dres]	Wohnort, Privatanschrift	Write down your home address, please.
full address [fʊl ə'dres]	vollständige Adresse	
United Kingdom [junaɪtɪd 'kɪŋdəm]	Vereinigtes Königreich	Write down the full address in the U.K.
nationality [næʃə'næləti]	Nationalität, Staatsangehörigkeit	What nationality are you?
hotel [həʊ'tel]	Hotel	What's your hotel in London?
that is (that's) [ðæts]	dies, das ist	That's right.
x anything ['eniθɪŋ]	irgend etwas	
to declare [dɪ'kleə]	verzollen, angeben	Anything to declare?
gift [gɪft]	Geschenk	This is only a gift.
nothing ['nʌθɪŋ]	nichts	No, nothing.
to open ['əʊpən]	öffnen	Open your suitcase, please.

They say/I say

to say [seɪ]	sagen	
case [keɪs]	Tasche, Mappe, Schachtel, Behälter	
beauty-case ['bjuːti keɪs]	Kosmetikkoffer	Is this your beauty-case?
not [nɒt]	nicht	
is not (isn't) [ɪz nɒt]	ist nicht	No, it isn't.
airline ['eəlaɪn]	Fluggesellschaft	BA is a British airline.
information centre [ɪnfə'meɪʃn sentə]	Information, Auskunft	Where's the information centre?
departure [dɪ'pɑːtʃə]	Abflug, Abfahrt	It's in the departure hall.
beer [bɪə]	Bier	A beer, please.

Remember

to remember [rɪ'membə]	erinnern, denken an, sich erinnern an	

x bei Fragen nach Verben: zu trinken, zu verzollen

international [ɪntə'næʃnəl]	international	This is an international hotel.
two [tuː]	zwei	
three [θriː]	drei	
four [fɔː]	vier	
five [faɪv]	fünf	
six [sɪks]	sechs	
seven ['sevn]	sieben	
eight [eɪt]	acht	
nine [naɪn]	neun	
ten [ten]	zehn	
zero ['zɪərəʊ], oh [əʊ]	null	
Let's practise		
to practise ['præktɪs]	üben	
telephone ['telɪfəʊn]	Telefon	What's your telephone number?
to read [riːd]	lesen	
car [kɑː]	Auto	My car number is ....
to spell [spel]	buchstabieren	Spell your name, please.
class [klɑːs]	Klasse	Business or economy class ?
first class [fɜːst 'klɑːs]	Erster Klasse	A first class ticket, please.
economy [ɪ'kɒnəmi]	Touristenklasse	This is economy class.
destination [destɪ'neɪʃn]	Ankunftsort, Richtung, Reiseziel	What's the destination of this flight?
time [taɪm]	Uhrzeit	What's the time?
departure time [dɪ'pɑːtʃə taɪm]	Abflugszeit	What's the departure time?
to (London) [tə, tʊ]	nach (London), (bis) zu	What's the gate number to London?
to ask [ɑːsk]	fragen	
ball pen/biro ['bɔːlpen, 'baɪrəʊ]	Kugelschreiber	Is this your pen?
book [bʊk]	Buch	This is my book.
Listen		
to listen ['lɪsn]	hören, zuhören	
to look [lʊk]	sehen, blicken, schauen	
look	Blick, Aussehen	
to have a look	nachschauen	Listen and have a look.
to repeat [rɪ'piːt]	wiederholen	Listen and repeat.
airport ['eəpɔːt]	Flughafen	This is London airport.

passenger ['pæsɪndʒə]	Passagier, Fluggast	All passengers on British Airways.
to board [bɔːd]	an Bord gehen, einsteigen	
aircraft ['eəkrɑːft]	Flugzeug	Please board the aircraft
through [θruː]	durch	through gate number eight.
to fasten ['fɑːsn]	befestigen, anbinden	
seat belt ['siːtbelt]	Anschnallgurt	Fasten your seat belt.
to refrain (from) [rɪ'freɪn frəm]	sich (von etwas) enthalten	Please refrain from smoking.
to put [pʊt]	setzen, legen, stellen	
upright position [ʌpraɪt pə'zɪʃn]	aufrechte Stellung/Position	Put your seat in an upright position.
emergency [ɪ'mɜːdʒənsi]	Notlage, Notfall	
exit ['eksɪt]	Ausgang	
emergency exit	Notausgang	
in front of [frʌnt]	vor (*räumlich*)	Emergency exits are in front of the aircraft.
at [ət]	an, bei	
at the rear [rɪə]	hinten, rückwärtig	The exit is at the rear of the aircraft.
life vest ['laɪf vest]	Schwimmweste	
under ['ʌndə]	unter	Life vests are under your seat.
reception [rɪ'sepʃn]	Rezeption, Empfang	
of [ɒv]	von	At the reception of the hotel.
porter ['pɔːtə]	Portier, Pförtner	Where's the porter?
key [kiː]	Schlüssel	Where's my key?
card [kɑːd]	Karte	This is your key card.
room [ruːm]	Zimmer	What room number is it?
to answer ['ɑːnsə]	antworten	
question ['kwestʃən]	Frage	Answer this question.

2 *NICE TO MEET YOU* — *NETT SIE KENNEN ZU LERNEN*

Meetings	Begegnungen	
At the hotel	Im Hotel	
At other places	An verschiedenen Orten	

Dialogues

nice [naɪs]	nett, schön	
to meet [miːt]	treffen, begegnen	Nice to meet you.
morning ['mɔːnɪŋ]	Morgen	
Good morning. [gʊd 'mɔːnɪŋ]	Guten Morgen.	Good morning Mr Steel.

afternoon [ɑ:ftə'nu:n]	Nachmittag	
Good afternoon. [ɑ:ftə'nu:n]	Guten Tag. (*am Nachmittag*)	Good afternoon Mr Miller.
evening ['i:vnɪŋ]	Abend	
Good evening.	Guten Abend.	Good evening Mrs Miller.
day [deɪ]	Tag	
today [tə'deɪ]	heute	Nice day today.
awful ['ɔ:fl]	fürchterlich, schrecklich	It's an awful day today.
weather ['weðə]	Wetter	
terrible ['terəbl]	furchtbar, schrecklich	The weather is terrible.
I [aɪ]	ich	
I am (I'm) [aɪ əm, aɪm]	ich bin	
German ['dʒɜ:mən]	deutsch	I'm German.
from [frəm, frɒm]	von, aus	
Germany ['dʒɜ:məni]	Deutschland	I'm from Germany.
job [dʒɒb]	Beschäftigung, Tätigkeit, Arbeit	What's your job?
engineer [endʒɪ'nɪə]	Ingenieur(in)	I'm an engineer.
may [meɪ]	können, dürfen	
to introduce [ɪntrə'dju:s]	vorstellen	
wife [waɪf]	Ehefrau, Gattin	May I introduce my wife.
How do you do. [haʊ djʊ 'du:]	Guten Tag. (*bei Vorstellung*)	
you [ju:]	du/Sie (*Einzahl*)/ihr/Ihr (*Mehrzahl*)	
you are (you're) [jʊ ɑ:, jʊə]	du bist/Sie sind, ihr/Ihr seid	You're from Berlin.
are you?	bist du/sind Sie?	Where are you from?
how [haʊ]	wie	How are you?
well [wel]	gut	I'm well. And you?
very well [veri 'wel]	sehr gut	I'm very well, thank you.
friend [frend]	Freund(in)	This is my friend Mary.
fine [faɪn]	fein, ausgezeichnet	I'm fine, thank you.
bad [bæd]	schlecht	I'm not bad.
she [ʃi:]	sie	
how is (how's)? [haʊ ɪz, haʊz]	wie ist/wie geht es?	How's your wife?
she is (she's)	sie ist	She's very well, thank you.
England ['ɪŋglənd]	England	She's from England.
holiday ['hɒlədeɪ]	Ferien	
on holiday	in den Ferien	Are you here on holiday?
on business ['bɪznəs]	auf Geschäftsreise, geschäftlich	I'm here on business.

who [huː]	wer	Who is this?
that (that is = that's) [ðæt, ðət]	das, dies, jene(r, s)	
daughter ['dɔːtə]	Tochter	That's my daughter.
her [hɜː]	ihr(e), (*weiblich*)	What's her name?
his [hɪz]	sein(e) (*männlich*)	What's his name?
to see [siː]	sehen	Nice to see you.
tomorrow [tə'mɒrəʊ]	morgen	See you tomorrow.
night [naɪt]	Nacht	Good night.
They say/I say		
husband ['hʌzbənd]	Ehemann, Gatte	May I introduce my husband.
alone [ə'ləʊn]	alleine	Are you (here) alone?
family ['fæməlɪi]	Familie	I'm with my family.
Switzerland ['swɪtsələnd]	Schweiz	Are you from Switzerland?
Austria ['ɒstriə]	Österreich	I'm from Austria.
doctor ['dɒktə]	Arzt, Ärztin	Are you a doctor?
housewife ['haʊswaɪf]	Hausfrau	I'm a housewife.
secretary ['sekrətri]	Sekretärin/Sekretär	I'm not a secretary.
son [sʌn]	Sohn	This is my son.
he [hiː]	er	Is he a doctor?
he is (he's)	er ist	Yes, he is.
home [həʊm], at home	zu Hause	My daughter is at home.
English ['ɪŋglɪʃ]	englisch	She isn't English.
Remember		
to be [biː]	sein (*Grundform*)	
we [wiː]	wir	
we are (we're)	wir sind	We're from Switzerland.
they [ðeɪ]	sie (*Mehrzahl*)	They aren't from Germany.
they are (they're)	sie sind	They're from Austria.
children	Kinder	
our ['aʊə]	unser(e)	This is our hotel.
your [jɔː]	euer/eure (*Mehrzahl*)	Are your children with you?
their [ðeə]	ihr(e)	Their names are John and Sue.
Let's practise		
town [taʊn]	Stadt	What's your home town?

list [lɪst]	Liste	
student ['stju:dnt]	Student(in)/Schüler(in)	I'm a student of English.
list of students [lɪst]	Schülerliste	Here's a list of students.
country ['kʌntri]	Land/Gegend	What country are you from?
home country	Heimat, Vaterland	What's your home country?
Swiss [swɪs]	schweizer(isch)	Are you Swiss?
France [frɑ:ns]	Frankreich	No, I'm from France.
French [frentʃ]	französisch	Is your friend French?
Spain [speɪn]	Spanien	No, he's from Spain.
Spanish ['spænɪʃ]	spanisch	Are you Spanish?
Italy ['ɪtəli]	Italien	No, I'm from Italy.
Italian [ɪ'tæliən]	italienisch	I'm Italian and Swiss.
Sweden ['swi:dn]	Schweden	Is she from Sweden?
Swedish ['swi:dɪʃ]	schwedisch	Yes, she's a Swedish doctor.
Portugal ['pɔ:tʃʊgl]	Portugal	He's not from Portugal.
Portuguese [pɔ:tʃu'gi:z]	portugiesisch	His wife is Portuguese.
Austrian ['ɒstriən]	österreichisch	My husband is Austrian.
Greece [gri:s]	Griechenland	Greece is a nice country.
Greek [gri:k]	griechisch	My friend is Greek.
Japan [dʒə'pæn]	Japan	This is Mr Osaki from Japan.
Japanese [dʒæpə'ni:z]	japanisch	He's a Japanese business man.
Holland (The Netherlands)	Holland (Niederlande)	Is Holland your home country?
Dutch [dʌtʃ]	holländisch	Yes, I'm Dutch.
nurse [nɜ:s]	Krankenschwester	I'm a nurse.
civil servant/official [sɪvl 'sɜ:vənt, ə'fɪʃl]	Beamte(r)	I'm not a civil servant.
social worker ['səʊʃl wɜ:kə]	Sozialarbeiter(in)	Are you a social worker?
bus driver ['bʌsdraɪvə]	Busfahrer(in)	He's a bus driver in London.
office ['ɒfɪs]	Büro	
office clerk ['ɒfɪs klɑ:k]	(Büro) Angestellte(r)	She's an office clerk at IBM.
worker ['wɜ:kə]	Arbeiter(in)	
manager, ['mænɪdʒə]	Geschäftsführer, Betriebsleiter	
manageress [mænɪdʒə'res]	Geschäftsführerin, Betriebsleiterin	
telephone-operator ['telɪfəʊn ɒpəreɪtə]	Telefonist(in)	
shop assistant ['ʃɒp əsɪstənt]	Verkäufer(in)	
workman ['wɜ:kmən]	Handwerker	
mechanic [mɪ'kænɪk]	Mechaniker(in), Maschinist(in), Monteur(in)	

pilot ['paɪlət]	Pilot(in)	
shorthand typist ['ʃɔːthænd taɪpɪst]	Stenotypist(in)	
apprentice [ə'prentɪs]	Lehrling, Auszubildende(r)	
technician [tek'nɪʃn]	Techniker(in)	
film star ['fɪlmstɑː]	Filmstar	
receptionist [rɪ'sepʃənɪst]	Empfangsdame, -chef	
hostess ['həʊstəs]	Gastgeberin	
ground hostess ['graʊnd həʊstəs]	Bodenpersonal, weiblich	
air hostess ['eə həʊstəs]	Airhostess, Flugbegleiterin	
salesman ['seɪlzmən]	Geschäftsreisender, Verkäufer	
teacher ['tiːtʃə]	Lehrer(in)	
neighbour ['neɪbə]	Nachbar(in)	My neighbour is a teacher.

Listen

man (men) [mæn, men]	Mann, Männer	This man is from Scotland.
policeman [pə'liːsmən]	Polizist	He's a nice policeman.
young [jʌŋ]	jung	
lady ['leɪdi]	Dame	She's a young lady.
gentleman ['dʒentlmən]	Herr	He's an English gentleman.
sandwich ['sænwɪdʒ]	belegtes Brot	
word [wɜːd]	Wort	What's the German word for sandwich?
again [ə'gen]	wieder	Nice to see you again.
good [gʊd]	gut	
back [bæk]	zurück, rückwärts, hinten	
to be back	zurück sein	It's nice to be back in England.
restaurant ['restrɒnt]	Restaurant, Gaststätte	The restaurant is very good.
bar [bɑː]	Bar	
open ['əʊpən]	offen	
now [naʊ]	jetzt	Is the bar open now?
Come on! [kʌm 'ɒn]	Komm!	Come on (to the bar)!

3 *EXCUSE ME*

In the street	In/Auf der Strasse
At the hotel	Im Hotel
At the Tourist Information	Bei der Touristeninformation

Dialogues

excuse me [ɪk'skju:z mɪ]	entschuldigen Sie, Verzeihung	Excuse me, please.
there is (there's) [ðeərɪz]	es gibt, es hat	There's the reception.
telephone-box ['telɪfəʊn bɒks]	Telefonzelle	Is there a telephone box?
public ['pʌblɪk]	öffentlich	
public telephone	öffentliches Telefon	Is there a public telephone?
there [ðeə]	da, dort	
over there ['əʊvə]	dort drüben	There is one over there.
can [kæn, kən]	können	
to find [faɪnd]	finden	
toilet ['tɔɪlət]	Toilette	Where can I find a toilet, please?
public toilet	öffentliche Toilette	Where's a public toilet, please?
sorry ['sɒri]	Verzeihung, es tut mir leid	I'm sorry.
there's no … [ðeəz 'nəʊ]	es gibt kein(e, en)	Sorry, there's no toilet here.
could you [kʊd]	könnten Sie, könntest du	
door [dɔ:]	Tür	Could you open the door, please?
certainly ['sɜ:tnli]	sicher(lich), gewiss	Yes, certainly.
me [mɪ:]	mir, mich	
to help [help]	helfen	Can you help me, please?
Pardon? ['pɑ:dn]	Wie bitte?	Pardon. Can you repeat that,please?
of course [əf 'kɔ:s]	selbstverständlich, natürlich	Of course, I can help you.
kind [kaɪnd]	nett, freundlich	That's very kind of you.
to give [gɪv]	geben	Could you give me my key, please?
would you ['wʊd jʊ]	würden Sie, würdest du	
to show [ʃəʊ]	zeigen	Would you show me the room, please?
bath [bɑ:θ]	Bad	Is there a bath?
shower ['ʃaʊə]	Dusche	There's only a shower.
to tell [tel]	sagen, erzählen	Could you tell me where the Hilton Hotel is?
straight on [streɪt 'ɒn]	geradeaus	Go straight on.
can't [kɑ:nt] (cannot)	nicht können	
to miss [mɪs]	verpassen, verfehlen	You can't miss it.
bus [bʌs]	Bus, Autobus	Is there a bus to Piccadilly?
next [nekst]	nächstliegend, folgend	
stop [stɒp]	Haltestelle	
bus stop ['bʌs stɒp]	Bushaltestelle	Where's the next bus stop?
across [ə'krɒs]	auf der anderen Seite, (quer) hinüber	Just across the road.

allgemein
etwas verheimlichen
pass – vorbei an überqueren

coach = Reisebus

far [fɑː]	weit, fern	How far is it to Oxford Street?
minute ['mɪnɪt]	Minute	
to walk [wɔːk]	zu Fuß gehen, spazieren	She walks to the city centre.
to take [teɪk]	nehmen	
underground ['ʌndəgraʊnd]	Untergrundbahn, U-Bahn	Can I take the underground?
station ['steɪʃn]	Bahnhof	
tube station [tjuːb] (= underground station)	U-Bahnhof (*in London*)	
to get to [get]	kommen nach	How can I get to Oxford Circus?
to turn [tɜːn]	drehen, wenden	
right [raɪt]	rechts	
left [left]	links	
turn right/left	gehen Sie nach rechts/links	Turn left over there.
traffic ['træfɪk]	Verkehr	
traffic light(s) [laɪts]	Verkehrsampel	Turn right at the traffic lights.
street [striːt]	Straße	
on [ɒn]	auf, an, zu, bei	
on your right/left	rechts/links, zu Ihrer/deiner Rechten/Linken	Take the next street on your left.
in the middle of		
You're welcome. ['welkəm]	Gern geschehen.	Thank you. – You're welcome.

I say/They say

map [mæp]	Stadtplan	Could you give me a map, please?
to have [hæv]	haben	Could I have a room with a bath?
to speak (to) [spiːk]	sprechen, reden (mit jem.)	Could I speak to the manager, please?
television set/TV ['telɪvɪʒn set, tiː'viː]	Fernsehapparat	Is there a television (TV) in the room?
every ['evri]	jede(r, s, m)	There's a TV in every room.
bed [bed]	Bett	
French bed	französisches/großes Bett,	Is there a French bed?
air-conditioning ['eəkəndɪʃnɪŋ]	Klimaanlage	Is there an air-conditioning in the room?
way [weɪ]	Weg	Go this way to the station.
to go [gəʊ]	gehen	Go straight on.
centre ['sentə]	Zentrum	Can you show me the way to the centre?
corner ['kɔːnə]	Ecke	
at the corner	an der Ecke	Turn left at the corner.
to cross [krɒs]	überqueren, kreuzen	

tram = Straßenbahn

before [bɪ'fɔ:]	vor, vorher, bevor	Cross the street before the traffic lights.
after ['ɑ:ftə]	nach, hinter	Cross the street after the hotel.
down [daʊn]	hinunter, (nach) unten	Go down this street.
until [ən'tɪl]	bis, bis zu *(örtlich + zeitlich)*	
along [ə'lɒŋ]	entlang, längs	
park [pɑ:k]	Park, Anlage	Walk along the park.
car park, parking	Parkplatz	Where's the car park?
to pass [pɑ:s]	vorbeigehen, durchgehen	Pass the Hilton Hotel on your right.
to follow ['fɒləʊ]	folgen	
road [rəʊd]	Straße, Landstrasse	Follow this road.
tourist ['tʊərɪst]	Tourist, Reisende(r)	Are you a tourist?
tourist infomation centre [ɪnfə'meɪʃn]	Touristeninformation, Reiseauskunft	Where's the tourist information centre?
opposite ['ɒpəzɪt]	gegenüber(liegend)	
cinema ['sɪnəmə]	Kino	It's opposite the cinema.
museum [mju'zɪəm]	Museum	
middle ['mɪdl]	Mitte	
in the middle of	in der Mitte von, mitten in	The museum is in the middle of the town.
cathedral [kə'θi:drəl]	Kathedrale	
river ['rɪvə]	Fluss	The cathedral is on the right of the river.
taxi ['tæksi]	Taxi	
taxi stand ['tæksi stænd]	Taxistand	Where's the taxi stand?
between [bɪ'twi:n]	zwischen	It's between the hotel and the pub.
about [ə'baʊt]	ungefähr	It's about five minutes to walk.
near [nɪə]	in der Nähe (von)	It's not very far. It's near the park.

Tube = U-Bahn in London

Remember

up [ʌp]	hinauf, (nach) oben	
there are [ðərə]	es gibt, es hat *(Mehrzahl)*	There are two museums in this town.
are there any?	gibt es/ hat es (irgendwelche)?	Are there any tickets for tonight?

Let's practise

church [tʃɜ:tʃ]	Kirche	Where can I find the church?
railway ['reɪlweɪ]	Eisenbahn	
railway station ['steɪʃn]	Bahnhof	How far is it to the railway station?
market ['mɑ:kɪt]	Markt	
theatre ['θɪətə]	Theater	Is there a good theatre?

lake [leɪk]	See	Can you show me the way to the lake?
house [haʊs]	Haus	
modern ['mɒdən]	modern	Are there any modern houses?
concert hall ['kɒnsət hɔ:l]	Konzerthalle	Where can I find the concert hall?
university [ju:nɪ'vɜ:səti]	Universität	Is the university in the centre?
zoo [zu:]	Zoo	Is there a zoo in this town?
private ['praɪvɪt]	privat	
bath, bathroom ['bɑ:θru:m]	Bad(ezimmer)	There's a private bath in every room.
garden ['gɑ:dn]	Garten	There's a beer garden across the street.
lobby ['lɒbi]	Halle, Hotelhalle	Can I meet you in the lobby?
heating ['hi:tɪŋ]	Heizung	
central heating [sentrəl 'hi:tɪŋ]	Zentralheizung	The central heating isn't on.
lift [lɪft]	Aufzug	Is there a lift in the hotel?
elevator (*USA*) ['elɪveɪtə]	Aufzug	There is no elevator.
swimming pool ['swɪmɪŋ pu:l]	Schwimmbad	Is there a swimming pool near the hotel?
double room [dʌbl 'ru:m]	Doppelzimmer	Could you show me a double room?
single room [sɪŋgl 'ru:m]	Einzelzimmer	Can I have a single room, please?
brochure ['brəʊʃə]	Broschüre, Prospekt	Can you give me a brochure about the hotel?
beautiful ['bju:tɪfl]	schön	This is a beautiful park.
big [bɪg]	groß	This room is very big.
wonderful ['wʌndəfl]	wunderbar	What a wonderful cathedral.
desk [desk]	Schreibtisch	
chair [tʃeə]	Stuhl, Sessel	There's a desk and a chair in all of the rooms.
armchair ['ɑ:mtʃeə]	Sessel, Lehnstuhl	There are two armchairs.
radio ['reɪdiəʊ]	Radio	Where's the radio?
flower ['flaʊə]	Blume	Could I have some flowers, please?
picture ['pɪktʃə]	Bild	This is a nice picture.
guest [gest]	Gast	All guests are welcome.
service ['sɜ:vɪs]	Bedienung	The service is very good.
post office ['pəʊst ɒfɪs]	Postamt	Is there a post office near the hotel?
supermarket ['su:pəmɑ:kɪt]	Supermarkt	How can I get to the supermarket?
pub (public bar) [pʌb]	Kneipe, Bierwirtschaft	There's a nice pub at the corner.

Listen

square [skweə]	Platz	Walk across the square.
to park [pɑ:k]	parken	Where can I park my car?

garage ['gærɑːʒ]	Garage	
round [raʊnd]	rund	
round the corner [raʊnd]	um die Ecke	There's a garage just round the corner.
to deposit [dɪ'pɒzɪt]	deponieren	
money ['mʌni]	Geld	Can I deposit my money here?
to take a bus	den Bus nehmen/benutzen, mit dem Bus fahren	Take bus number nine.
to hope [həʊp]	hoffen	I hope I can find it.
to call [kɔːl]	rufen, anrufen	Can you call a taxi, please?
by the way [baɪ]	übrigens	
to reserve [rɪ'zɜːv]	reservieren	
table ['teɪbl]	Tisch	
for [fə, fɔː]	für	Would you reserve a table for four?

4 *HOW MUCH IS IT?*

At the hotel	Im Hotel	
At the post office	Auf der Post	
At the bank	Auf der Bank	
On the telephone	Am Telefon	
At a car rental	Beim Autoverleih	

Dialogues

Speaking. ['spiːkɪŋ]	Am Apparat. *(Telefon)*	Can I speak to Mr Steel? – Speaking.
to hold [həʊld]	halten, festhalten	
Hold on.	Bleiben Sie am Apparat.	
line [laɪn]	Leitung	Hold on./Hold the line.
engaged [ɪn'geɪdʒd]	besetzt	Sorry, the line is engaged.
to want [wɒnt]	wollen, brauchen	I want some help.
want to (do sth.)	etwas tun wollen	I want to speak to Peter.
to make [meɪk]	machen, anfertigen, herstellen	
call [kɔːl]	Telefonanruf	There's a call for you.
phone call ['fəʊn kɔːl]	Telefonanruf	
to make a phone call	telefonieren	I want to make a phone call.
local call ['ləʊkl]	Ortsgespräch	
long distance call [lɒŋ 'dɪstəns]	Ferngespräch	A local or a long distance call?
to ask for [ɑːsk]	fragen nach	Ask for the operator.

to dial ['daɪəl]	wählen	Dial number one one five.
letter ['letə]	Brief	
to post a letter [pəʊst]	abschicken *(Brief)*, aufgeben, einstecken	Where can I post this letter?
letter box ['letə bɒks]	Briefkasten	Where's the letter box?
mail box ['meɪl bɒks] *(USA)*	Briefkasten	Is there a mail box nearby?
to buy [baɪ]	kaufen	
stamp [stæmp]	Briefmarke	Where can I buy stamps?
too [tuː]	auch *(am Ende des Satzes)*	Can I buy stamps here, too?
to like [laɪk]	gern mögen, gern haben	I like holidays.
would like (= I'd like) [aɪd laɪk]	ich möchte gerne	
penny ['peni]	Penny *(brit. Währungseinheit)*	I'd like two sixpenny stamps, please.
pence [pens]	Penny *(Mehrzahl)*	
many ['meni]	viele	
how many	wie viele (zählbare Menge)	How many stamps would you like?
to change [tʃeɪndʒ]	wechseln, umtauschen	Can you change this?
would like *to* (do sth.) (= I'd like to)	gerne (etwas tun) wollen = (ich möchte gerne)	
to book [bʊk]	buchen, bestellen	I'd like to book a room, please.
to pay [peɪ]	bezahlen	I'd like to pay for the room.
how much [mʌtʃ]	wie viel *(nicht zählbare Menge)*	How much is it?
pound (£) [paʊnd]	Pfund *(brit. Währung)*	That's seventy pounds for two nights.
cash [kæʃ]	Bargeld, Barzahlung	
to cash Eurocheques ['jʊərəʊtʃeks]	Euroschecks einlösen	Can I cash Eurocheques here?
to sign [saɪn]	unterschreiben	Would you sign here, please?
I say/they say		
week [wiːk]	Woche	How much is it a week?
weekend [wiːk'end]	Wochenende	
special ['speʃl]	besondere(r,s)	
offer ['ɒfə]	Angebot, Offerte	There's a special weekend offer.
breakfast ['brekfəst]	Frühstück	
included [ɪn'kluːdɪd]	inbegriffen	Is breakfast included?
bed and breakfast	Übernachtung mit Frühstück	How much is bed & breakfast?
full board [fʊl 'bɔːd]	Vollpension	Full board is eighty-five pounds.
nearest ['nɪərɪst]	nächst, am nächsten gelegene	
bank [bæŋk]	Bank	Where's the nearest bank?

to change money [tʃeɪndʒ 'mʌni]	Geld wechseln	I'd like to change some money.
would you like	möchtest du, möchten Sie, möchtet ihr?	How much would you like?
note [nəʊt]	Banknote	
small change [smɔːl 'tʃeɪndʒ]	Kleingeld	Would you like notes or small change?
exchange office [ɪks'tʃeɪndʒ ɒfɪs]	Wechselstube	Where's the exchange office?
rate [reɪt]	Wechselkurs	What's the exchange rate today?
to send [send]	schicken, senden	
telegram ['telɪgræm]	Telegramm	I'd like to send a telegram, please.
where to? [weə 'tuː]	wohin?	
abroad [ə'brɔːd]	im/ins Ausland	I want to send a letter abroad.
postcard ['pəʊstkɑːd]	Postkarte	I want a stamp for a postcard, please.
picture postcard [pɪktʃə 'pəʊstkɑːd]	Ansichtskarte	I'd like this picture postcard, please.
phonecard ['fəʊnkɑːd]	Telefonkarte	A five-pound phonecard,please.
reverse charge call [rɪvɜːs 'tʃɑːdʒ]	R-Gespräch *(Empfänger bezahlt)*	I'd like to make a reverse charge call.
to call back	zurückrufen	Can you call back?
to take a message ['mesɪdʒ]	eine Mitteilung ausrichten/machen.	Can you take a message?

Remember

not much	nicht viel	
not many	nicht viele	
a lot [ə'lɒt]	viel(e)	
a little ['lɪtl]	wenig, ein wenig	
hundred ['hʌndrəd]	hundert	That's two hundred pounds.
thousand ['θaʊznd]	tausend	Ten thousand nine hundred and twelve.
half [hɑːf]	halb	
ten and a half	zehneinhalb	I'd like a ten and a half penny stamp.

Let's practise

price [praɪs]	Preis	What's the price of this room?
sugar ['ʃʊgə]	Zucker	How much sugar would you like?
without [wɪ'ðaʊt]	ohne	I'd like my tea without any sugar, please.
mile [maɪl]	Meile *(1,6 km)*	How many miles is it to Rye?
season ['siːzn]	Jahreszeit	There are four seasons.
spring [sprɪŋ]	Frühling	The weather is nice in spring.
summer ['sʌmə]	Sommer	I'd like to go to Goa this summer.
autumn ['ɔːtəm]	Herbst	How much is it in autumn?

winter ['wɪntə]	Winter	Is the hotel open in winter?
to rent [rent]	mieten	I'd like to rent a car, please.
when [wen]	wann	When would you like the car?

Listen

accommodation [əkɒmə'deɪʃn]	Unterkunft, Unterbringung	I'd like an accommodation for one night.
guesthouse ['gesthaʊs]	Pension	Could you book a room in a guesthouse?
farmhouse ['fɑːmhaʊs]	Bauernhaus	Are there any farmhouses for guests?
self-catering [self'keɪtərɪŋ]	Selbstversorgung	I'd like a self-catering accommodation.
cottage ['kɒtɪdʒ]	kleines Wohnhaus, Hütte	Are there any cottages to rent?
tax [tæks]	Steuer	Tax is included in the price.
average ['ævərɪdʒ]	durchschnittlich	The average hotel is thirty pounds.
outside [aʊt'saɪd]	draußen, außen, ausserhalb	There's a nice hotel outside London.
Value Added Tax (VAT) [vælju: 'ædɪd tæks]	Mehrwertsteuer	VAT is included in the price.
Saturday ['sætədeɪ]	Samstag	I'd like a double room for next Saturday, please.

5 *THE MENU, PLEASE*

At a Pub	In einer Bar	
At a restaurant	In einem Restaurant	

Dialogues

lemon ['lemən]	Zitrone	Would you like some lemon?
have got [hæv 'gɒt]	haben, besitzen	
I've got (I have got)	ich habe/besitze	I've got a car.
have you got [hæv jʊ 'gɒt]	haben Sie, hast du	Have you got any sandwiches?
to eat [iːt]	essen	What have you got to eat?
I'm afraid. [ə'freɪd]	Es tut mir leid. Ich bedaure.	I'm afraid we dont have any stamps.
to serve [sɜːv]	servieren, bedienen	We only serve drinks.
something ['sʌmθɪŋ]	etwas, irgend etwas	Would you like something to eat?
cheese [tʃiːz]	Käse	Have you got any cheese sandwiches?
ham [hæm]	Schinken	I'd like a ham sandwich, please.
What about ... ? [wɒt ə'baʊt]	Wie wäre es mit ... ?	What about a whisky?
for me	für mich	Not for me, thank you.
What kind of ... ? [kaɪnd]	Was für ein(e Art von ...)?	
soft drink [sɒft 'drɪŋk]	alkoholfreies Getränk	What kind of soft drinks have you got?

water ['wɔːtə]	Wasser	I'd like some tonic water, please.
lunch [lʌntʃ]	Mittagessen (*leicht*)	What have you got for lunch?
to recommend [rekə'mend]	empfehlen	What can you recommend?
roast beef [rəʊst 'biːf]	Rinderbraten	I can recommend our roast beef.
menu ['menjuː]	Speisekarte, Menu	Could I have the menu, please?
white [waɪt]	weiß	
wine [waɪn]	Wein	I'd like some white wine, please.
else [els]	sonst, außerdem	
anything else? [eniθɪŋ 'els]	noch (irgend) etwas?	Would you like anything else?
mineral water ['mɪnərəl wɔːtə]	Mineralwasser	I'd like some mineral water, please.
to start [stɑːt]	beginnen	What would you like to start with?
first [fɜːst]	erst, zuerst, erstens	
soup [suːp]	Suppe	First I'd like some soup.
then [θen]	dann	
mixed [mɪkst]	gemischt	
salad ['sæləd]	Salat	
mixed salad	gemischter Salat	Then I'd like a mixed salad, please.
dressing ['dresɪŋ]	Salatsoße	Some salad with French dressing, please.
after that [ɑːftə 'θæt]	danach	
lamb [læm]	Lammfleisch	After that I'd like the lamb, please.
lamb cutlet [læm 'kʌtlɪt]	Lammkotelett	Have you got any lamb cutlet?
potatoes [pə'teɪtəʊz]	Kartoffeln	I'd like some potatoes, please.
finally ['faɪnəli]	schließlich	
apple pie ['æpl paɪ]	Apfelkuchen.	Finally, I'd like an apple pie.
to bring [brɪŋ]	bringen	Bring me some tea, please.
sweet [swiːt]	süß	
sweet [swiːt]	Nachtisch, Süßspeise	What kind of sweet have you got?
cake [keɪk]	Kuchen	Have you got any cake?
ice-cream [aɪs'kriːm]	Speiseeis	I'd like some ice-cream, please.
another [ə'nʌðə]	noch ein(e), ein(e) andere(r)	I'd like another coffee, please.
bill [bɪl]	Rechnung	Could I have the bill, please?

I say/they say

hungry ['hʌŋgri]	hungrig	I'm very hungry.
toast [təʊst]	geröstetes Brot	Have you got any toast?
thirsty ['θɜːsti]	durstig	I'm very thirsty.

coke [kəʊk]	Coca Cola	Have you got any coke?
non-alcoholic drink [nɒnælkə'hɒlɪk]	alkoholfreies Getränk	We only serve non-alcoholic drinks.
continental [kɒntɪ'nentl]	kontinental, europäisch	Would you like a continental breakfast?
English/full breakfast	englisches Frühstück *(mit Eierspeisen)*	I'd like an English breakfast, please.
egg [eg]	Ei	Can I have some eggs, please?
boiled [bɔɪld]	gekocht	
boiled egg	gekochtes Ei	Would you like a boiled egg?
scambled egg ['skræmbld]	Rührei	I'd like some scrambled eggs, please.
fried [fraɪd]	gebraten	
fried egg	Spiegelei	
bacon ['beɪkən]	Speck	Two fried eggs with some bacon, please.
roll [rəʊl]	Brötchen	
jam [dʒæm]	Marmelade	Bring me some rolls and jam, please.
marmalade ['mɑːməleɪd]	Orangenkonfitüre	Would you like some marmalade?
honey ['hʌni]	Honig	Have you got any honey?
omelette ['ɒmlət]	Omelette, Pfannkuchen	I'd like an omelette, please.
dinner ['dɪnə]	Abendessen, Hauptmahlzeit	What have you got for dinner?
meat [miːt]	Fleisch	What kind of meat have you got?
as [əz, æz]	als, so, (so)wie	
first course [kɔːs]	Vorspeise, erster Gang	What would you like as a first course?
dish [dɪʃ]	Gericht, Speise	Roast beef is an English dish.
main dish [meɪn 'dɪʃ]	Hauptgericht	I'd like some meat as a main dish.
dessert [dɪ'zɜːt]	Nachspeise	As a dessert I'd like some ice-cream.
roast [rəʊst]	Braten(fleisch)	
beef [biːf]	Rindfleisch	I'd like some roast beef, please.
fillet ['fɪlɪt]	Filet	
steak [steɪk]	Steak	Have you got a fillet steak?
fish [fɪʃ]	Fisch	I'd like some fish, please.
chicken ['tʃɪkɪn]	Hähnchen	I can recommend our chicken curry.
cold [kəʊld]	kalt	I'd like something cold, please.
fruit [fruːt]	Früchte, Obst	Have you got any fruit?
fruit cocktail ['kɒkteɪl]	Früchtecocktail	What about a fruit cocktail?
chips [tʃɪps]	Pommes frites	
more [mɔː]	mehr	
some more	etwas mehr, noch etwas	I'd like some more chips, please.
baked [beɪkt]	gebacken	What about some baked potatoes?

glass [glɑːs]	Glas	Would you like a glass of wine?
red [red]	rot	I'd like two glasses of red wine, please.
vegetables ['vedʒtəblz]	Gemüse	Bring me some vegetables, please.
piece [piːs]	Stück	
bread [bred]	Brot	I'd like a piece of bread, please.
altogether [ɔːltə'geðə]	zusammen, alles in allem	Altogether on one bill, please.
separate ['seprət]	getrennt	We'd like separate bills, please.
Remember		
he/she/it has	er/sie/es hat	She's (she has) got a car.
cup [kʌp]	Tasse	Would you like a cup of tea?
bottle ['bɒtl]	Flasche	What about a bottle of wine?
pint [paɪnt]	Mass *(brit. 0,57 lt, amer. 0,47 lt.)*	
pint of beer [paɪnt, bɪə]	ein großes Bier	I'd like a pint of beer, please.
half a pint [paɪnt]	halbe Mass *(ca. 0,28 lt)*	
box [bɒks]	Schachtel	
pair [peə]	Paar	
sausage ['sɒsɪdʒ]	Wurst	
chocolate ['tʃɒklət]	Schokolade	
bar of chocolate [bɑːrəf 'tʃɒklət]	Tafel Schokolade	I'd like a bar of chocolate, please.
Let's practise		
child/children [tʃaɪld, 'tʃɪldrən]	Kind/Kinder	I've got one child/two children.
brother ['brʌðə]	Bruder	Have you got a brother?
sister ['sɪstə]	Schwester	I haven't got a sister?
brothers and sisters	Geschwister	Have you got any brothers or sisters?
waiter/waitress ['weɪtə, 'weɪtrəs]	Kellner/ Kellnerin	Can I call the waiter?
cream [kriːm]	Sahne, Rahm	
tomato [tə'mɑːtəʊ]	Tomate	
mushroom ['mʌʃrʊm]	Pilz	
appetisers ['æpɪtaɪzəz]	Vorspeisen	
prawn cocktail ['prɔːn kɒkteɪl]	Krabbencocktail	
deep fried [diːp'fraɪd]	fritiert	
breadcrumbs ['bredkrʌmz]	Paniermehl	
tuna fish ['tjuːnə fɪʃ]	Thunfisch	
grapefruit ['greɪpfruːt]	Pampelmuse/Grapefruit	

specialities [speʃi'æləitz]	Spezialitäten	
grilled [grɪld]	gegrillt	
halibut ['hælɪbət]	Heilbutt	
whole [həʊl]	ganz/e/r	
rainbow trout ['reɪnbəʊ traʊt]	Regenbogenforelle	
Scotch [skɒtʃ]	schottisch	
salmon ['sæmən]	Lachs	
Dover sole ['dəʊvə səʊl]	Seezunge	
sirloin steak ['sɜːlɔɪn steɪk]	Lendensteak	
large [lɑːdʒ]	groß	
medium ['miːdiəm]	mittel(groß)	
escalope of veal ['eskəlɒp əv viːl]	Kalbsschnitzel	
gammon steak ['gæmən steɪk]	Vorderschinkenschnitzel	
chilled [tʃɪld]	gekühlt	
lager ['lɑːgə]	helles Bier	

Listen

expensive [ɪk'spensɪv]	teuer	London's restaurants are expensive.
people ['piːpl]	Leute, Volk	There are a lot of people in this hotel.
self-service [self'sɜːvɪs]	Selbstbedienung	There are many self-service restaurants in London.
hot [hɒt]	heiß	This soup is very hot.
meal [miːl]	Mahlzeit	I'd like some wine with the meal,please.
hot meal	heiße/warme Mahlzeit	I'd like a hot meal, please.
city ['sɪti]	Stadt	New York is a big city.
historical [hɪ'stɒrɪkl]	historisch, geschichtlich	
place [pleɪs]	Ort, Platz	There are many historical places in London.
Chinese [tʃaɪ'niːz]	chinesisch	
Pakistani [pɑːkɪ'stɑːni]	pakistanisch	
for example [fərɪg'zɑːmpl]	zum Beispiel	There are Japanese restaurants, for example.
lunch time ['lʌntʃ taɪm]	Mittagszeit	A lot of people eat in pubs at lunch time.
quick [kwɪk]	schnell	You can have a quick lunch there.
sometimes ['sʌmtaɪmz]	manchmal	
to offer ['ɒfə]	anbieten	
food [fuːd]	Essen, Speise, Nahrung	Pubs sometimes serve nice food.

different ['dɪfrənt]	verschieden	There are many different restaurants in London.
everybody ['evribɒdi]	jeder(mann), alle	There's something for everybody.
show [ʃəʊ]	Aufführung, Theateraufführung	What a good show!
first course [fɜːst 'kɔːs]	erster Gang (*Essen*)	
game [geɪm]	Wild (*Essen*)	
rare [reə]	halbgar	
medium ['miːdiəm]	mittel	Would you like your steak rare or medium?
well done [wel 'dʌn]	gut durchgebraten	I'd like it well done, please.
vegetables ['vedʒtəblz]	Gemüse(sorten)	
baked [beɪkt]	gebacken	
potatoes [pə'teɪtəʊz]	Kartoffeln	
French fried potatoes [frentʃ 'fraɪd]	Pommes frites	
spinach ['spɪnɪtʃ]	Spinat	
dressing ['dresɪŋ]	Salatsauce	
let's (let us) [lets]	lasst uns, wir wollen	Let's have four Martinis.
perhaps [pə'hæps]	vielleicht	Perhaps I have the game soup.
same [seɪm]	gleich	
the same	der-, die-, dasselbe	The same for me, please.
to try [traɪ]	versuchen, probieren	I'd like to try the game soup.

Homestudy

cereals ['sɪəriəlz]	Getreide, Getreideflocken	
fork [fɔːk]	Gabel	
not any more	nicht mehr	I'm not hungry any more.

6 *CAN I HELP YOU?*

In a department store	Im Warenhaus	
At the information desk	Am Informationsschalter	
At a shop	Im Geschäft	

Dialogues

wear [weə]	Kleidung, Bekleidung	
to wear	tragen, anhaben	
Ladieswear ['leɪdɪzweə]	Damenabteilung	Where's Ladieswear, please?
ladies' wear ['leɪdɪz weə]	Damenbekleidung	

third [θɜːd]	dritte(r, s)	
floor [flɔː]	Stockwerk, Etage, Geschoss	Ladieswear is on the third floor.
stairs [steəz]	Treppe	
upstairs [ʌp'steəz]	oben, nach oben, die Treppe hinauf	
fourth [fɔːθ]	vierte(r, s)	It's upstairs on the fourth floor.
to get [get]	erhalten, bekommen, besorgen	Where can I get perfumes?
downstairs [daʊn'steəz]	unten, nach unten, die Treppe hinunter	
ground floor [graʊnd]	Erdgeschoss	Downstairs, on the ground floor.
to do [duː]	tun, machen	
for you	für dich/Sie/euch	What can I do for you?
pullover ['pʊləʊvə]	Pullover	I'd like a pullover, please.
size [saɪz]	Größe	What sizes have you got?
continent ['kɒntɪnənt]	Kontinent, Festland	
continental size	*Konfektionsgröße außerhalb GB*	Forty continental size.
colour ['kʌlə]	Farbe	What colour would you like?
brown [braʊn]	braun	I'd like it in brown, please.
too [tuː]	zu, allzu	
too expensive [ɪk'spensɪv]	zu teuer	That's too expensive.
small(er) [smɔːl, 'smɔːlə]	klein(er)	This is too small.
big(ger)	groß (größer)	Here's a bigger one.
long(er) [lɒŋ, 'lɒŋgə]	lang (länger)	
but [bʌt]	aber	But that's too long.
for me	für mich	It's not for me.
to need [niːd]	gebrauchen, benötigen	
shoes [ʃuːz]	Schuhe	
pair of shoes	Paar Schuhe	I need a pair of shoes.
these [ðiːz]	diese *(Plural von "this")*	How much are these?
those [ðəʊz]	jene *(Plural von "that")*	And how much are those?
more [mɔː]	mehr	
more expensive [ɪk'spensɪv]	teurer	Those are more expensive.
cheap(er) [tʃiːp, 'tʃiːpə]	billig(er)	Have you got anything cheaper?
do not (don't) want	nicht wollen	
blue [bluː]	blau	I don't want a blue one.
black [blæk]	schwarz	Have you got it in black?
do not (don't) like	nicht gern haben/mögen	I'm afraid, I don't like it.
to prefer [prɪ'fɜː] (would)	vorziehen (würde)	I 'd prefer some black shoes.

pound [paʊnd]	Pfund (*Gewicht und Geld*)	Two pounds of oranges, please.
I say/they say		
to close [kləʊz]	schließen	
closed [kləʊzd]	geschlossen	I'm afraid the shop is closed now.
record ['rekɔːd]	Schallplatte	Where can I find records and CDs?
CD/compact disc [siː'diː]	CD	
shop [ʃɒp]	Geschäft, Laden	
record shop	Schallplattengeschäft	
music ['mjuːzik]	Musik	In a record or music shop?
book shop	Buchhandlung	Where can I find a bookshop?
department [dɪ'pɑːtmənt]	Abteilung	There's a book department here, too.
department store [stɔː]	Warenhaus	You can buy gifts in a department store.
drug store *(USA)*	Laden, Geschäft, Drogerie	
dress [dres]	Kleid	Where can I buy dresses?
fashion shop ['fæʃn]	Modegeschäft	You can buy dresses in a fashion shop.
baker ['beɪkə]	Bäcker	
at the baker's (shop)	beim Bäcker(laden)	You can buy bread at the baker's.
butcher ['bʊtʃə]	Metzger, Fleischer	
at the butcher's (shop)	beim Metzger/Fleischer(laden)	You can get meat at the butcher's.
grocer ['grəʊsə]	Lebensmittelhändler	
at the grocer's (shop)	beim Lebensmittelhändler	You can buy milk at the grocer's.
chemist ['kemɪst]	Apotheke	
at the chemist's (shop)	beim Apotheker	You can buy aspirin at the chemist's.
Menswear ['menzweə]	Herrenabteiung	Is Menswear downstairs?
men's wear ['menz weə]	Herrenbekleidung	
children's department ['tʃɪldrənz]	Kinderabteilung	Where's the children's department?
second ['sekənd]	zweite(r, s)	It's on the second floor.
food department [fuːd]	Lebenmittelabteilung	
basement ['beɪsmənt]	Untergeschoss	The food department is in the basement.
sportswear ['spɔːtsweə]	Sportbekleidung	Where can I buy sportswear, please?
trousers ['traʊzəz]	Hosen	I need some trousers, please.
shirt [ʃɜːt]	Herrenhemd	Have you got any shirts?
T-shirt ['tiːʃɜːt]	T-Shirt	What size are these T-shirts, please?
elegant ['elɪgənt]	elegant	
to know [nəʊ]	wissen, kennen	

do not (don't) know	nicht wissen	I don't know the English size.
to sell [sel]	verkaufen	
yellow ['jeləʊ]	gelb	I'm afraid we don't sell it in yellow.
to try on [traɪ 'ɒn]	anprobieren	Can I try it on?
changing room ['tʃeɪndʒɪŋ ru:m]	Umkleidekabine	Where's the changing room, please?
cash desk ['kæʃ desk]	Kasse	You can pay at the cash desk.
to pay cash [kæʃ]	bar bezahlen	Would you like to pay cash?
to pay by cheque [baɪ 'tʃek]	mit Scheck bezahlen	I'd like to pay by cheque.
Remember		
short(er) [ʃɔ:t, 'ʃɔ:tə]	kurz (kürzer)	These trousers are too short.
thin(ner) [θɪn, 'θɪnə]	dünn(er)	This pullover is very thin.
thick(er) [θɪk, 'θɪkə]	dick(er)	Have you got a thicker one?
him [hɪm]	ihn, ihm, sich	
for him	für ihn	It's not for me, it's for him?
for her [hɜ:]	für sie *(weiblich)*	This T-shirt is for her.
us [ʌs]	uns	
for us	für uns	These books are for us.
for you	für euch *(Mehrzahl)*	These gifts are for you two?
them [ðem, ðəm]	sie/ihnen	
for them	für sie *(Mehrzahl)*	What can I buy for them?
understand [ʌndə'stænd]	verstehen	I don't understand what he is saying.
fifth [fɪfθ]	fünfte(r, s)	The restaurant is on the fifth floor.
sixth [sɪksθ]	sechste(r,s)	Is this the sixth Floor?
seventh ['sevnθ]	siebte(r,s)	Your room is on the seventh floor.
eighth [eɪtθ]	achte(r,s)	
ninth [naɪnθ]	neunte(r,s)	
tenth [tenθ]	zehnte(r,s)	
banana [bə'nɑ:nə]	Banane	
apple ['æpl]	Apfel	I'd like half a pound of apples, please.
a lot of [ə'lɒtəv]	viel(e)	I need a lot of money for my holiday.
dozen ['dʌzn]	Dutzend	
dozen eggs	Dutzend Eier	I'd like a dozen eggs, please.
pink [pɪŋk]	rosa	
green [gri:n]	grün	Have you got any green dresses?
grey [greɪ]	grau	

light [laɪt]	hell, licht, leicht	
light blue [bluː]	hellblau	Have you got any T-shirts in light blue?
dark [dɑːk]	dunkel	
dark blue	dunkelblau	The dark blue one is nice, too.
Let's practise		
to travel ['trævl]	reisen, fahren	I'd like to travel to Oxford.
travel department	Reiseabteilung	Where can I find the travel department?
toy [tɔɪ]	Spielzeug	Where can I find toys?
hat [hæt]	Hut	Ladies' hats are on the second floor.
coat [kəʊt]	Mantel	Could you show me some coats, please?
rain [reɪn]	Regen	
raincoat ['reɪnkəʊt]	Regenmantel	Would you like a winter or a raincoat?
suit [suːt]	Anzug, Kostüm	I need a black suit for the party.
blouse [blaʊz]	Bluse	I'm looking for a green blouse.
jacket ['dʒækɪt]	Jacke	
skirt [skɜːt]	Damenrock	Have you got a skirt to go with this jacket?
souvenir [suːvə'nɪə]	Reiseandenken	I'd like to buy some souvenirs.
classical	klassisch	Would you like classical or pop music?
guide [gaɪd]	Reisebegleiter, Leiter, Führer	
guide book	Reisebuch	Have you got any guide books?
socks [sɒks]	Socken, kurze Strümpfe	
boots	Stiefel	I need some socks for these boots.
umbrella [ʌm'brelə]	Regenschirm	Have you got any umbrellas?
tie [taiː]	Kravatte	
Look!	Schau (her)!	Look, this is a beautiful tie!
Listen		
sale [seɪl]	Verkauf, Aus-, Schlussverkauf	
for sale [fə 'seɪl]	zu verkaufen	This house is for sale.
rainy	regnerisch	Today is a rainy day.
rice [raɪs]	Reis	I'd like some rice with my steak, please.
Ladies ['leɪdɪz]	Damentoilette	
to forget [fə'get]	vergessen	
do not (don't) forget	nicht vergessen	Don't forget your handbag!

Homestudy

high [haɪ]	hoch	
building ['bɪldɪŋ]	Gebäude	New York has got high buildings.
interesting ['ɪntrəstɪŋ]	interessant	London is an interesting place.
great [greɪt]	groß, großartig	
show [ʃəʊ]	Vorführung, Vorstellung, Schau	New York has got great shows.

7 *TICKETS, PLEASE*

At the travel agency	Im Reisebüro	
At the train station	Am Bahnhof	
At the underground station	An der U-Bahnstation	
At the bus stop	An der Bushaltestelle	

Dialogues

which [wɪtʃ]	welche(r, s)	Which bus goes to the city centre?
line [laɪn]	Strecke, Verkehrslinie	Which line do I take to Piccadilly?
must [mʌst]	müssen	Must I change?
north [nɔːθ]	Norden, nördlich	She likes to live in the north of England.
northbound ['nɔːθbaʊnd]	nach Norden (gehend), Richtung Norden	Take the Victoria Line northbound.
plane, aeroplane [pleɪn, 'eərəpleɪn]	Flugzeug	
by plane	mit dem Flugzeug	Can I travel to Leeds by plane?
train [treɪn]	Zug	
by train [baɪ 'treɪn]	mit dem Zug	You can go by train or by plane.
how long	wie lange	
it takes	man braucht, es dauert	How long does it take by train?
hour ['aʊə]	Stunde	
four and a half [hɑːf]	viereinhalb	It takes four and a half hours.
half an hour	halbe Stunde	It takes about half an hour.
single ['sɪŋgl]	einfach, einzeln	Two singles to Brighton, please.
single ticket [sɪŋgl 'tɪkɪt]	einfache Fahrkarte	I'd like a single ticket to Leeds, please.
platform ['plætfɔːm]	Bahnsteig	Which platform is it?
fare [feə]	Fahrgeld, Fahrpreis	What's the fare to Leeds, please?
return ticket [rɪ'tɜːn]	Rückfahrkarte	A return ticket, please.
to leave [liːv]	verlassen, lassen	Can you tell me when the train leaves?
past [pɑːst]	vorbei, vorüber, nach	At ten past every hour.

to confirm [kən'fɜːm]	bestätigen	I'd like to confirm my flight.
okay [əʊ'keɪ]	in Ordnung	Your flight to Frankfurt is okay.
take-off ['teɪkɒf]	Start, Abflug	
to take off [teɪk 'ɒf]	starten, abfliegen	The plane takes off on time.
quarter ['kwɔːtə]	Viertel	Take-off is at a quarter to two.
to check in [tʃek 'ɪn]	sich (*zum Flug*) anmelden	When must I check in?
check-in time ['tʃekɪn taɪm]	Anmeldezeit	What's the check-in time?
clock [klɒk] (on the clock=o'clock)	Uhr	Check-in is at one o'clock.
on time	pünktlich	
to be on time	pünktlich sein	Is the plane on time?
late [leɪt]	spät	
to be late	spät sein	The plane is late.
later ['leɪtə]	später(e, es, er)	Is there a later flight?
fully ['fʊli]	völlig, ganz	
booked [bʊkt]	gebucht	
fully booked [fʊli 'bʊkt]	völlig/ganz ausgebucht	The afternoon flight is fully booked.
arrival [ə'raɪvl]	Ankunft	Arrival is at one o'clock.
arrival time	Ankunftszeit	What's the arrival time in Munich?
fine	in Ordnung, gut (so)	That's fine.

I say/they say

boat [bəʊt]	Boot	
by boat	mit dem Boot	You can travel by boat.
ferry ['feri]	Fähre	
by ferry	mit der Fähre	I'd like to travel by ferry.
foot, feet [fʊt, fiːt]	Fuß, Füße	
on foot	zu Fuß	
to go on foot	zu Fuß gehen	We can go on foot or take a bus.
to fly [flaɪ]	fliegen	When would you like to fly?
Friday ['fraɪdeɪ]	Freitag	
on Friday	am Freitag	I'd like to fly on Friday.
in advance [əd'vɑːns]	im Voraus	You must book in advance.
waiting list ['weɪtɪŋ lɪst]	Warteliste	Can you put me on the waiting list?
Monday ['mʌndeɪ]	Montag	I'm afraid there isn't a flight on Monday.
February ['februəri]	Februar	I'd like to fly on the sixth of February.
reservation ticket	Platzkarte	

to cancel ['kænsl]	streichen, absagen	I 'd like to cancel my flight.
why [waɪ]	warum	Why is the plane late?
last [lɑːst]	letzt(e), vorig(e)	When's the last flight to London?
early ['ɜːli]	früh	The flight leaves early in the morning.
earlier	frühere(r, es)	Is there an earlier flight?
to arrive [ə'raɪv]	ankommen	The plane arrives at 12.30.
delayed [dɪ'leɪd]	verspätet	The flight is delayed.
delay [dɪ'leɪ]	Verspätung	There's a delay of half an hour.
to wait [weɪt]	warten	Wait in the transit hall.
to call out [kɔːl 'aʊt]	ausrufen	Your flight is called out.
waiting-room ['weɪtɪŋruːm]	Warteraum	Is there a waiting room?
reserved [rɪ'zɜːvd]	reserviert	Is this seat reserved?
taken ['teɪkən]	belegt	Is this seat taken?
free [friː]	frei	No, this seat is free.
Remember		
to stop [stɒp]	anhalten	Do you stop here?
coach [kəʊtʃ]	Reisebus	Where does the coach wait?
trip [trɪp]	Ausflug, (Vergnügungs-)Reise	How long does the trip take?
to get off [get 'ɒf]	aussteigen	Where must I get off?
how many times?	wie oft, wie viel mal?	How many times must I change?
once [wʌns]	einmal	You only change once.
twice [twaɪs]	zweimal	I go on holidays twice a year.
times [taims]	mal *(4x4)*	
three times	dreimal	I go shopping three times a week.
time	Zeit	What's the time, please?
second ['sekənd]	Sekunde	
quarter of an hour ['kwɔːtə]	Viertelstunde	The walk takes quarter of an hour.
to	zu, hinzu	
quarter to nine	Viertel vor neun	It's a quarter to nine.
quarter past nine	Viertel nach neun	It's a quarter past nine.
am [eɪ'em]	Mitternacht bis zur Mittagszeit	It's 9am (nine o'clock in the morning).
pm [piː'em]	Mittagszeit bis Mitternacht	It's 10pm (ten o'clock in the evening).
Let's practise		
date [deɪt]	Datum	What date is it?

month [mʌnθ]	Monat	What month is it?
January ['dʒænjuəri]	Januar	It's January.
March [mɑːtʃ]	März	It's the twenty-first of March.
April ['eɪprəl]	April	It's April the fifteenth.
May [meɪ]	Mai	My flight is on the thirty-first of May.
June [dʒuːn]	Juni	
in June	im Juni	My birthday is in June.
July [dʒu'laɪ]	Juli	In July I go on holiday.
August ['ɔːgəst]	August	I 'm travelling to India in August.
September [sep'tembə]	September	Are you on holiday in September?
October [ɒk'təʊbə]	Oktober	Would you like to travel in October?
November [nəʊ'vembə]	November	Not many people visit London in November.
December [dɪ'sembə]	im Dezember	It's summer in Australia in December.
birthday ['bɜːθdeɪ]	Geburtstag	When's your birthday?
Tuesday ['tjuːzdeɪ]	Dienstag	My birthday is on Tuesday the first of July.
Wednesday ['wenzdeɪ]	Mittwoch	
Thursday ['θɜːzdeɪ]	Donnerstag	
Sunday ['sʌndeɪ]	Sonntag	
year [jɪə]	Jahr	My birthday is on a Sunday this year.
to have breakfast	frühstücken	What time do you have breakfast?
to have lunch	zu Mittag essen	I have lunch at one o'clock.
to have dinner	zu Abend essen	When do you have dinner?
sight [saɪt]	Sehenswürdigkeit	What are the sights of London?
sightseeing ['saɪtsiːɪŋ]	Besichtigung der Sehenswürdigkeiten	What about a sightseeing tour?
tour [tʊə]	Reise, Rundreise	Let's go on a pub tour.
to visit ['vɪzɪt]	besuchen	We could visit a museum.
point [pɔɪnt]	Punkt	
meeting point ['miːtɪŋ]	Treffpunkt	Our meeting point is the National Gallery.
to get up [get 'ʌp]	aufstehen	When do you get up in the morning?
to work [wɜːk]	arbeiten	Do you work in the evening?
work	Arbeit	My work is interesting.
to finish ['fɪnɪʃ]	beenden	When do you finish work?
to go to bed	zu Bett gehen, schlafen gehen	I go to bed at ten (o'clock).
to go shopping ['ʃɒpɪŋ]	einkaufen (gehen)	I go shopping on Mondays and Fridays.
to go on holiday	in die Ferien gehen	I 'd like to go on holiday with you.
to come [kʌm]	kommen, an-, her-, herbeikommen	Where do you come from?

sport(s) [spɔːts]	Sport, Sportveranstaltungen	Do you like sports?
every day [evri 'deɪ]	jeden Tag, täglich	Do you go shopping every day?
often ['ɒfn]	oft	I often walk to work.
how often	wie oft	How often do you go on holiday?
journey ['dʒɜːni]	Reise	
journey time	Reisezeit	What's the journey time to Aberdeen?
timetable ['taɪmteɪbl]	Fahrplan	Can I have a timetable, please?
restaurant service ['restrɒnt sɜːvɪs]	Bordrestaurant im Zug	Is there a restaurant service?
through train ['θruː treɪn]	durchgehender Zug, D-Zug	Is there a through train to Edinburgh?
fast [fɑːst]	schnell	
fast train	Schnellzug	Is this train a fast train?

Listen

transport ['trænspɔːt]	Beförderungsmittel	
public transport [pʌblɪk 'trænspɔːt]	öffentliche(r) Verkehr(smittel)	
system ['sɪstəm]	System	The public transport system is very good.
new [njuː]	neu	There's a new underground.
ground [graʊnd]	Grund, Boden, Erde	The platforms are sometimes 60m under the ground.
each other [iːʃ 'ʌðə]	einander	We can help each other.
difficult ['dɪfɪkəlt]	schwierig	It is difficult to travel around London by car.
easy ['iːzi]	leicht	It is easy to travel by underground.
newest [njuːəst]	neuste(r,s)	The Hilton is the newest hotel in town.
double-decker bus [dʌbl'dekə]	doppelstöckiger Bus	
to sit [sɪt]	sitzen	It's nice to sit on a double-decker bus.
to stand [stænd]	stehen	You can't stand upstairs in a double-decker bus.
slow [sləʊ]	langsam	Traffic in London is very slow.
everything ['evriθɪŋ]	alles	You can see everything from a double-decker.
to sleep [sliːp]	schlafen	You can sleep on the night train.
railway official ['reɪlweɪ əfɪʃl]	Bahnbeamter	Mrs Miller is speaking to the railway official.
to travel back [trævl 'bæk]	zurückreisen	We'd like to travel back tomorrow evening.
information desk [ɪnfə'meɪʃn desk]	Informationsschalter	You can get a timetable at the information desk.

Homestudy

customs ['kʌstəmz]	Zoll	You must go through customs twice.
direction [dɪ'rekʃn]	Richtung	Which direction does the bus go?
south [saʊθ]	Süden, südlich	Brighton is in the south of England,
southbound ['saʊθbaʊnd]	nach Süden (gehend), Richtung Süden	Take the Circle Line southbound.
east [i:st]	Osten, östlich	The hotel is in the east of London.
eastbound ['i:stbaʊnd]	nach Osten (gehend), Richtung Osten	Take the District Line eastbound.
west [west]	Westen, westlich	First travel to the West, then to the North.
westbound ['westbaʊnd]	nach Westen (gehend), Richtung Westen	Take the Central Line westbound.
slot machine ['slɒt məʃi:n]	Automat	You can get a ticket from the slot machine.
to organise ['ɔ:gənaɪz]	organisieren	Eurotour organises tours to London.
home town	Geburts-, Heimatstadt	My home town is Zurich.
visit ['vɪzɪt]	Besuch	What about a visit to Windsor?

8 WHAT'S ON?

At the theatre	Im Theater	
At the ticket office	Am Kartenschalter	
At the travel agency	Im Reisebüro	
At the hotel reception	An der Hotelrezeption	
At the tourist information	Bei der Touristeninformation	

Dialogues

tonight [tə'naɪt]	heute Nacht, heute Abend	What could we do tonight?
to have a drink	etwas trinken (gehen)	We could have a drink.
to invite [ɪn'vaɪt]	einladen	I'd like to invite you for dinner.
film [fɪlm]	Film	Would you like to see a film?
to be interested in ['ɪntrəstɪd]	sich interessieren für	I'm not interested in films.
to go dancing	tanzen gehen	Let's go dancing.
to dance [dɑ:ns]	tanzen	I can't dance I'm afraid.
What's on? [wɒts 'ɒn]	Was gibt's/ Was läuft?	What's on at the Rex?
would prefer [prɪ'fɜ:] (I would = I'd)	ich würde vorziehen	
love [lʌv]	Liebe	
story ['stɔ:ri]	Geschichte	I'd prefer a love story.
why not? [waɪ 'nɒt]	warum nicht?	
shall we? [ʃæl]	sollen wir?	Shall we go to a musical?

to be left	übrig bleiben	Are there any tickets left?
sold out [səʊld 'aʊt]	ausverkauft	Sorry, „Phantom" is sold out.
to last [lɑːst]	dauern	How long does the film last?
until [ən'tɪl]	bis, bis zu (*zeitlich*)	It lasts until eleven o'clock.
day tour ['deɪ tʊə]	Tagestour, Tagesreise, Tagesausflug	Is it a day tour?
till	bis, bis zu (*zeitlich*)	
from ______ till ______ [tɪl]	von ______ bis ______	It lasts from nine till one.
idea [aɪ'dɪə]	Idee, Gedanke, Vorschlag	That's a good idea!
really ['riːəli]	wirklich, tatsächlich	Do you really want to go there?
not really	eigentlich nicht	I don't really want to buy anything.
to love [lʌv]	lieben, sehr gerne mögen	I just love shopping.

I say/You say

would love (I would = I'd)	würde sehr gerne	I'd love to go to the party.
pleasure ['pleʒə]	Vergnügen	Travelling is a real pleasure for me.
with pleasure	mit Vergnügen, gerne	Would you like to come? – With pleasure!
night club ['naɪt klʌb]	Nachtklub	Are the night clubs open on Sundays?
ballet ['bæleɪ]	Ballett	Is there a ballet tonight?
performance [pə'fɔːməns]	Vorstellung, Aufführung	There isn't a performance on Sundays.
look [lʊk]	Blick	
have a look	nachschauen	
newspaper ['njuːspeɪpə]	Zeitung	Let's have a look in the newspaper.
opera ['ɒprə]	Oper	Where can I get tickets for the opera?
booking office ['bʊkɪŋ ɒfɪs]	Kasse (Theater), (Fahrkarten-)Schalter	
in the front [frʌnt]	vorne, im vorderen Teil	
at the back [bæk]	hinten, im hinteren Teil	There are two seats left at the back.
numbered ['nʌmbəd]	nummeriert	Are the seats numbered?
to book a seat [siːt]	einen Platz reservieren/buchen	I'd like to book a seat for the tour to Leeds.
guided tour ['gaɪdɪd tʊə]	Besichtigungstour mit Führung	Is it a guided tour?
full day tour	ganztägiger Ausflug	Is it a full day tour?
half day tour	halbtägiger Ausflug	No, it's only a half day tour.
to cost [kɒst]	kosten	How much does a half day tour cost?

Remember

to go to the theatre ['θiətə]	ins Theater gehen	Let's go to the theatre.
play [pleɪ]	Spiel, Schauspiel, (Theater-)Stück	I'd love to see a play at the Old Vic.

yesterday ['jestədeɪ]	gestern	
yesterday morning	gestern Morgen/früh	
in the morning	am Morgen, morgens	I want to leave early in the morning.
in the afternoon	am Nachmittag, nachmittags	I'd like to go to Leeds in the afternoon.
in the evening	am Abend, abends	Let's have a drink in the evening.
at night	nachts	There's a show on late at night.
tomorrow morning	morgen früh	Let's go shopping tomorrow morning.
tomorrow afternoon	morgen Nachmittag	There's "Cats" on tomorrow afternoon.
tomorrow evening	morgen Abend	What's on tomorrow evening?
tomorrow night	morgen Nacht	Shall we go to a club tomorrow night?
the day before yesterday	vorgestern	The tour started the day before yesterday.
the day after tomorrow	übermorgen	It ends the day after tomorrow.

Let's practise

entertainment [entə'teɪnmənt]	Unterhaltung	What kind of entertainment do you like?
dining out [daɪnɪŋ 'aʊt]	auswärts essen	Do you like dining out?
matinée ['mætɪneɪ]	Nachmittagsvorstellung	Is there a matinée?
programme ['prəʊgræm]	Programm	Have you got a programme for this?
to look at	ansehen, sich ansehen, betrachten	Shall we have a look at the cathedral?
old [əʊld]	alt	
town centre	Stadtzentrum	York has a fine old town centre.
century ['sentʃəri]	Jahrhundert	The cathedral is from the 19th century.
touring centre ['tʊərɪŋ sentə]	Fremdenzentrum	
national ['næʃnəl]	national, staatlich	Let's visit the beautiful National Park.
harbour ['hɑːbə]	Hafen	There are many boats in the harbour.
boutique [buː'tiːk]	kleines Kleider-, Modegeschäft	Let's look at the boutiques.
gallery ['gæləri]	Galerie	I'd prefer to visit the galleries.
bridge [brɪdʒ]	Brücke	Let's have a look at Tower Bridge.
industrial [ɪn'dʌstriəl]	gewerblich, industriell, Industrie-	I don't want to visit the Industrial Museum.
charming ['tʃɑːmɪŋ]	bezaubernd, entzückend, reizend	Winchester is a charming town.
college	Universität, Akademie	Shall we visit Winchester College?
castle	Schloss	I'd like to see Windsor Castle.

Listen

forecast ['fɔːkɑːst]	Vorhersage, Voraussage	
weather forecast	Wettervorhersage, -bericht	The weather forecast is good for today.

sunny ['sʌni]	sonnig	
interval ['ɪntəvl]	Pause, Abstand, Unterbrechung	
shower ['ʃaʊə]	Regenschauer, -guss	There will be sunny intervals and showers.
thunderstorm ['θʌndəstɔːm]	Gewitter	There are some thunderstorms in the north.
storm [stɔːm]	Sturm	
less [les]	weniger, geringer	
windy ['wɪndi]	windig	It's less windy today.
outlook	Aussicht, Erwartung	
unsettled	unbeständig (*Wetter*)	
showery	regnerisch	The weather today is unsettled and showery.
bright [braɪt]	klar, hell, heiter	Tomorrow will be a bright day.
cloudy ['klaʊdi]	bewölkt	
wet [wet]	feucht, nass	Today it's cloudy and wet in many places.
hill [hɪl]	Hügel	
fog [fɒg]	Nebel	There's some fog on the hills.
dry [draɪ]	trocken	
rather ['rɑːðə]	ziemlich	It's dry but rather cloudy today.
a few [ə'fjuː]	einige (wenige)	There will be a few showers this afternoon.
mainly ['meɪnli]	hauptsächlich, vor allem	It's mainly dry in the south.
temperature ['temprətʃə]	Temperatur	The temperature is 26 degrees centigrade.
centigrade ['sentɪgreɪd]	Celsius	
degree [dɪ'griː]	Grad	It's about twenty degrees centigrade.
warm [wɔːm]	warm	The weather is warm and sunny.
to wash [wɒʃ]	waschen	Where can I wash my car?.
beach [biːtʃ]	Strand	Can you tell me where the beach is, please?
at the beach	am Strand	
agency ['eɪdʒənsi]	Agentur, Geschäftsstelle, Vertretung	
travel agency ['trævl eɪdʒənsi]	Reiseagentur, Reisebüro	Where's the nearest travel agency, please?
will [wɪl]	werden *(Zukunft)*	The porter will take your luggage.
balcony ['bælkəni]	Rang, Galerie	Can you reserve two seats on the balcony?
lane [leɪn]	Gasse, Gässchen	The "Lanes" in Brighton are beautiful.
to stay [steɪ]	bleiben, sich aufhalten, stehen bleiben	Let's hope the weather stays like this.
to have a nice time	viel Spaß/eine gute Zeit haben	I hope you have a nice time.

Homestudy

boat trip ['bəʊt trɪp]	Bootsfahrt	There's a nice boat trip down the Thames.

ready ['redi]	bereit, fertig	The plane is ready for boarding.
to be ready [bi: 'redi]	bereit sein	
terminal ['tɜ:mɪnl]	Endstation, Kopfstation	
bus terminal ['bʌs tɜ:mɪnl]	Busendstation, -kopfstation	Let's meet at the bus terminal.
to land [lænd]	landen (*Flugzeug*)	
landing ['lændɪŋ]	Landung	
was (it was) [wɒz]	war (es war)	

9 *I NEED SOME HELP!*

At the hotel reception	An der Hotelrezeption	
At the doctor's	Beim Arzt	
At the chemist's	Beim Apotheker	
At the petrol station	An der Tankstelle	

Dialogues

ambulance ['æmbjələns]	Krankenwagen	Is there an ambulance here?
wrong [rɒŋ]	falsch, nicht in Ordnung	What's wrong?
accident ['æksɪdənt]	Unfall	
screwdriver ['skru:draɪvə]	Schraubenzieher, -dreher	Have you got a screwdriver?
matter ['mætə]	Angelegenheit, Sache	
What's the matter?	Was ist los?	What's the matter with your car?
to let [let]	lassen, zulassen	Let me see.
petrol ['petrəl]	Benzin, Treibstoff	My car needs some petrol.
petrol station	Tankstelle	
nearby [nɪə'baɪ]	in der Nähe	Is there a petrol station nearby?
if [ɪf]	ob, wenn, falls	Can you tell me if there's a petrol station?
dear [dɪə]	lieb, teuer, *(Brief: Sehr geehrte(r))*	I have a dear friend in New Zealand.
Oh dear! [əʊ 'dɪə]	Ach je! Du liebe Zeit!	Oh dear, that's too far.
to give (someone) a lift [lɪft]	jemanden mit dem Auto mitnehmen	I can give you a lift.
careful ['keəfl]	vorsichtig	
to be careful	vorsichtig sein	You must be careful!
right turn	Rechtsabbiegen	There's no right turn here.
block [blɒk]	Wohnblock, Häuserblock	Turn right after the next block.
better ['betə]	besser	
to drive [draɪv]	lenken, fahren (Auto)	
slowly ['sləʊli]	langsam	You 'd better drive slowly.

beg [beg]	erbitten, bitten um	
pardon ['pɑːdn]	Verzeihung	
to beg *(someone's)* pardon	um Verzeihung bitten	I beg your pardon?
I'd like to know if ...	Ich möchte wissen, ob ...	I'd like to know if there is a telephone.
to check [tʃek]	prüfen, kontrollieren, probieren	Please check the oil for me.
to work	funktionieren	The TV doesn't work.
to see to	sich kümmern um	I'll see to it in a minute.
it says [sez]	es heißt, es steht geschrieben	
to insert [ɪn'sɜːt]	einsetzen, einfügen, hineinstecken	First insert the money.
to select [sɪ'lekt]	auslesen, auswählen	Then select what you want.
out of order	außer Betrieb	This machine is out of order.
best [best]	beste(r, s), am besten	
possibly ['pɒsəbli]	eventuell, möglicherweise	

I say/They say

clean [kliːn]	sauber	I'm afraid the room isn't clean.
pillow ['pɪləʊ]	Kissen	I'm afraid there is no pillow.
blanket ['blæŋkɪt]	Wolldecke, Bettdecke	I 'd like another blanket, please.
room maid [meɪd]	Zimmermädchen	I'll tell the room maid.
towel ['taʊəl]	Handtuch	I need another towel, please.
soap [səʊp]	Seife	Could you bring me some soap, please.
at the doctor's ['dɒktəz]	beim Arzt	
to go to the doctor's	zum Arzt gehen	I must go to the doctor's.
to feel [fiːl]	fühlen, sich fühlen	
sick [sɪk]	krank, unwohl, übel	
to feel sick	sich krank/unwohl fühlen	I need a doctor. I feel very sick.
ill [ɪl]	krank	
to be ill	krank sein	I'm ill.
tooth, teeth) [tuːθ, tiːθ]	Zahn, Zähne	
ache [eɪk]	Schmerzen	
toothache ['tuːθeɪk]	Zahnschmerzen	I've got toothache.
head [hed]	Kopf	
headache ['hedeɪk]	Kopfweh, -schmerzen	I've got a terrible headache.
stomach ['stʌmək]	Magen	
stomach-ache	Magenschmerzen	I've got a stomach-ache.
bad	*(hier:)* schlimm(e/r/s)	

cold [kəʊld]	Erkältung	I've got a bad cold.
fever ['fiːvə]	Fieber	I've got a fever.
throat [θrəʊt]	Hals	
sore [sɔː]	endzündet, wund	
sore throat	Halsschmerzen	I've got a sore throat.
to hurt [hɜːt]	weh tun, schmerzen	It doesn't hurt.
to sit down [sit]	hinsetzen, sich hinsetzen	Would you sit down, please.
to lie down [laɪ]	hinlegen, sich hinlegen	I must lie down. I feel awful.
prescription [prɪ'skrɪpʃn]	Rezept *(ärztlich)*	Here's a prescription.
medicine ['medsɪn]	Medizin	
regularly ['regjələli]	regelmäßig	Take this medicine regularly.
instruction	Anweisung, Anordnung, Vorschrift	Read the instructions first.
to be taken	wird/werden eingenommen	Not to be taken after meals.
pill [pɪl]	Pille, Tablette	
cough [kɒf]	Husten	I need some pills for my cough.
eye [aɪ]	Auge	My right eye hurts.
drop [drɒp]	Tropfen	
eye drops	Augentropfen	I'd like some eye drops, please.
ear [ɪə]	Ohr	
ear drops	Ohrentropfen	Have you got any ear drops?
receipt [rɪ'siːt]	Quittung	Could I have a receipt, please?
insurance [ɪn'ʃʊərəns]	Versicherung	I need a receipt for my insurance.
to fill up [fɪl 'ʌp]	auffüllen	Could you fill it up, please?
super *(petrol)* ['suːpə]	Super *(Benzin)*	
regular *(petrol)* ['regjələ]	Normal *(Benzin)*	Would you like super or regular?
lead [led]	Blei	
unleaded *(petrol)* [ʌn'ledɪd]	bleifreies *(Benzin)*	I need some unleaded petrol, please.
oil [ɔɪl]	Öl	Could you check the oil and the tyres, please?
tyre ['taɪə]	Reifen	
broken ['brəʊkən]	gebrochen, zerbrochen, fehlerhaft	
broken down	kaputt	My car has broken down.
police [pə'liːs]	Polizei	Could you call the police, please?
driving licence ['draɪvɪŋ laɪsns]	Führerschein	Can I see your driving licence, please?
insurance papers [ɪn'ʃʊərəns peɪpəz]	Versicherungspapiere	Here are my insurance papers.
to break down [breɪk 'daʊn]	kapputtgehen	

break-down service ['breɪkdaʊn sɜːvɪs]	Abschleppdienst	Is there a break-down service nearby?
emergency telephone [ɪ'mɜːdʒənsi]	Not-Telefon	Is there an emergency telephone near here?
Remember		
to fit [fɪt]	passen, sitzen	The dress doesn't fit. It's too small.
to mention ['menʃn]	erwähnen	
Don't mention it.	Nicht der Rede wert. Schon gut.	Thank you very much. – Don't mention it.
terribly ['terəbli]	schrecklich, furchtbar *(Adverb)*	
to be terribly sorry	schrecklich leid tun	I'm terribly sorry!
to forgive [fə'gɪv]	verzeihen	Please forgive me.
to mind [maɪnd]	kümmern um, etwas haben gegen	
Never mind. [nevə 'maɪnd]	Es macht nichts (aus). Schon gut.	Never mind! It's all right.
never ['nevə]	nie(mals)	I never get up late.
Pardon me? ['pɑːdn mi]	Wie bitte? (Ich verstehe Sie nicht.)	Pardon me? I don't understand.
Let's practise		
to swim [swɪm]	schwimmen	Do you like swimming?
to go swimming	schwimmen gehen	We could go swimming?
bicycle ['baɪsɪkl]	Fahrrad	
to go by bicycle	Fahrrad fahren	I don't go by bicycle?
machine [mə'ʃiːn]	Apparat, Automat	
ticket machine	Fahrkarten Automat	The ticket machine doesn't work.
dictionary ['dɪkʃənri]	Wörterbuch	Have you got an English dictionary?
lesson ['lesn]	Unterrichtsstunde, Lektion	Could you give me a lift after the lesson?
homework ['həʊmwɜːk]	Hausaufgabe(n)	
to do the homework	die Hausaufgaben machen	Could you do the homework for me?
Listen		
signature ['sɪgnətʃə]	Unterschrift	Can I have your signature, please?
to settle the bill ['setl]	die Rechnung bezahlen/begleichen	I'd like to settle the bill, please.
short of time	wenig Zeit	
to be short of time	wenig Zeit haben	I'm rather short of time.
extras ['ekstrəz]	Nebenkosten	Six pounds fifty-five for the extras.
rest [rest]	Rest(teil)	The rest must be drinks.
mistake [mɪ'steɪk]	Fehler, Irrtum, Missverständnis	This must be a mistake.
right away [ə'weɪ]	sofort	I'll call a taxi right away.

anyway ['eniweɪ]	ohnehin, sowieso	It's time to leave, anyway.
Homestudy		
to live [lɪv]	wohnen, leben	Where do you live?
10 IT'S YOUR TURN		
kindest regards ['kaɪndɪst rɪ'gɑːdz]	freundlichste/beste Grüße	Kindest regards from Australia.

GRAMMATIK/GRAMMAR

1 Der bestimmte/unbestimmte Artikel/The definite/indefinite article

*Im Englischen gibt es nur einen bestimmten Artikel (***the***) für alle Dinge und Personen in der Einzahl und Mehrzahl. Dasselbe gilt für den unbestimmten Artikel (***a/an***), der vor* a, e, i, o, *(manchmal auch vor* u*) mit einem zusätzlichen* **n** *ans Hauptwort gebunden wird.*

Dies ist der Mann aus der Schweiz.	This is **the** man from Switzerland.
Wo ist die Touristeninformation, bitte?	Where's **the** tourist information, please?
Das Hotel ist sehr schön.	**The** hotel is very nice.
Wann sind die Geschäfte geöffnet?	When are **the** shops open?
Gibt es ein Telefon?	Is there **a** telephone?
Ich möchte gern ein Eis.	I'd like **an i**ce-cream, please.
Ich möchte bitte ein englisches Frühstück.	I'd like **an E**nglish breakfast, please.

2 Die Einzahl und Mehrzahl der Hauptwörter/The singular and plural forms of nouns

Die Mehrzahl der meisten Hauptwörter wird im Englischen durch Anhängen eines **-s** *an die Einzahlform gebildet. Die Schreibweise und die Aussprache ist jedoch nicht immer gleich. Zudem bleiben einige Wörter in der Einzahl und Mehrzahl unverändert, z. B.* aircraft, fish. *Auch gibt es wenige unregelmäßige Ausnahmen.*

one car	two car**s**	one cit**y**	two cit**ies**	(nach Konsonant +y: -ies)
one train	five train**s**	one bus	three bus**es**	(nach Zischlauten: -es [ɪz])
one hotel	ten hotel**s**	one wife	some wi**ves**	(nach f, fe, if: -ves)
one child	two child**ren**	one foot	two f**ee**t	
one man	three m**e**n	one tooth	many t**ee**th	
one woman	four wom**e**n			

3 Das Demonstrativpronomen/The demonstrative pronoun

this/that (*Einzahl) und* **these/those** (*Mehrzahl) weisen auf Personen und Gegenstände hin.*

Dies ist mein Koffer.	**This** is my suitcase.
Diese Schuhe sind schön.	**These** shoes are nice.
Ich mag jene Handtasche.	I like **that** handbag.
Jene sind schöner.	**Those** are nicer.
Welches T-Shirt möchten Sie?	Which T-shirt do you want?
Dieses oder jenes?	**This one** or **that one**?
Welche Schuhe ziehen Sie vor?	Which shoes do you prefer?
Diese oder jene?	**These** or **those**?

4 Fragewörter/Question words

what	Was ist das?	What's this?	*Kurzformen*
	Wie ist Ihr Name?	What's your name?	**what is = what's**
where	Wo ist der Bahnhof?	Where's the station?	**where is = where's**
when	Wann beginnt es?	When does it start?	**when is = when's**
who	Wer ist dieser Mann?	Who's this man?	**who is = who's**
which	Welches Zimmer ist es?	Which room is it?	
how	Wie komme ich ins Zentrum?	How can I get to the centre?	
how much	Wie viel kostet es?	How much is it?	
how many	Wie viele Kinder haben Sie?	How many children do you have?	
how often	Wie oft fährt der Zug?	How often does the train go?	
why	Warum ist der Zug verspätet?	Why is the train late?	

5 Es gibt/Es hat/there is – there are

There is *(+ Einzahl)/***there are** *(+ Mehrzahl) steht im Englischen meist am Satzanfang.* **There** *darf nicht weggelassen werden, auch wenn die deutsche Übersetzung dazu verführt.*

		Kurzantworten
Gibt es eine Dusche mit dem Zimmer?	**Is there** a shower with the room?	**Yes, there is.**
Gibt es hier einen Zoo?	**Is there** a zoo here?	**No, there isn't.**
Gibt es noch Karten?	**Are there** any tickets left?	**Yes, there are.**
Gibt es viele Touristen in der Stadt?	**Are there** many tourists in the town?	**No, there aren't.**

Wie viele Zimmer gibt es im Hotel? — How many rooms **are there** in the hotel?
Es gibt viele Museen in London. — **There are** many museums in London.
Im Hotel gibt es zwei Restaurants. — In the hotel **there are** two restaurants.

6 Zählbare und nicht zählbare Hauptwörter/Countable and uncountable nouns

Zählbare Hauptwörter stehen für Personen und Dinge und können einzeln gezählt werden. Ihre Menge wird mit Wie viele = **how many** *erfragt. Sie können in der Einzahl (*a/one ticket*) oder in der Mehrzahl (*two/some sandwiches*) gebraucht werden.*

Wie viele Postkarten haben Sie? — **How many** postcards do you have?
Nicht viele. — **Not many.**
Wie viele Briefmarken möchten Sie? — **How many** stamps would you like?
Fünf bitte. — **Five, please.**
Wie viele Länder kennen Sie? — **How many** countries do you know?
Viele. — **A lot (of countries).**

*Nichtzählbare Hauptwörter stehen für Dinge, die sich nicht einzeln zählen lassen und somit bilden sie keine Mehrzahl. Das dazugehörende Verb steht immer in der Einzahl (*This tea **is** very good.*) und ihre Menge wird mit* Wie viel = **how much** *erfragt.*

Wie viel Geld hast Du? — **How much** money do you have?
Nicht viel. — **Not (very) much.**
Wie viel Milch möchten Sie? — **How much** milk would you like?
Nur wenig. — **Just a little.**
Wie viel Zeit braucht man? — **How much** time does it take?
Viel (Zeit). — **A lot (of time).**

Mit **how much** *kann man sich nach dem Preis erkundigen. Steht das Hauptwort in der Einzahl oder ist es nicht zählbar, so beginnt die Frage mit* **How much is**; *steht das Hauptwort jedoch in der Mehrzahl, so beginnt die Frage mit* **How much are**.

Wie viel kostet ein Doppelzimmer? — **How much is** a double room?
Wie viel kostet der Tee? — **How much is** the tea?
Wie viel kosten die Fahrkarten? — **How much are** the tickets?
Wie viel kosten diese Schuhe? — **How much are** these shoes?

7 Some/any und ihre Zusammensetzungen/Some/any and their compounds

Some *und* **any** *bedeuten das Gleiche, werden aber unterschiedlich angewendet.* **Some** *wird in Bitten, Angeboten und bejahenden Aussagesätzen verwendet.* **Any** *steht in verneinten Aussagesätzen sowie in Fragen, in denen Sie um eine Information bitten.*

Kann ich (etwas) Kuchen haben? *(nichtzählbare Menge =* etwas*)* — Can I have **some** cake, please?
Möchten Sie (etwas) Kaffee? — Would you like **some** coffee? Yes, I'd love **some**.

Ich möchte (einige) Karten für 'Cats'.	I'd like **some** tickets for 'Cats'.
(*zählbare Menge* = einige)	
Gibt es hier (einige) Museen?	Are there **any** museums here?
Nein, es gibt leider keine Museen.	I'm afraid there are**n't any** (museums).
Haben Sie noch Zimmer frei?	Have you got **any** rooms left?
Nein, wir haben keine mehr frei?	No, we have**n't** got **any** (rooms) left.

Some *und* **any** *können in der Zusammensetzung mit* **-thing** *auch als Ersatz für ein Hauptwort stehen. Es gelten dabei die oben beschriebenen Regeln.*

Kann ich etwas zu essen haben?	Can I have **something** to eat?
Möchten Sie etwas zu trinken?	Would you like **something** to drink?
Ich möchte etwas zum Mittagessen.	I'd like **something** for lunch.
Haben Sie (irgend)etwas zu lesen?	Have you got **anything** to read?
Leider habe ich nichts (zu lesen).	I'm afraid I have**n't** got **anything**.
Gibt es (irgend)etwas Interessantes?	Is there **anything** interesting?
	No, **nothing.** = **not ... anything**

8 Ich möchte gerne/I'd like (to)/I want (to)

Um Wünsche höflich auszudrücken verwendet man im Englischen die Redewendung **I'd like** *(*= I would like*)* + **please**. *Mit denselben Worten bieten wir etwas an oder weisen etwas höflich zurück. Mit* **I'd like a/some/something/two**, *etc drücken wir den Wunsch nach einer Sache aus. Mit* **I'd like to** *(+ verb) drücken wir aus, dass wir etwas tun möchten.* **Want** *kann* **would like** *ersetzen, ist aber weniger höflich.*

Ich möchte gerne (etwas) Kaffee.	**I'd like** some coffee, please.
Ich möchte drei Fahrkarten nach Leeds.	**I'd like** three tickets to Leeds, please.
Möchten Sie etwas essen?	**Would you like** something to eat?
Mein Mann möchte gerne bezahlen.	My husband **would like to** pay.
Möchten/Wollen Sie heute reisen?	**Do you want to** travel today?
Nein, ich möchte/will nicht heute reisen.	No, **I don't want to** travel today.

Vorsicht! **I like** *und* **I would like** *(***I'd like***) dürfen nicht verwechselt werden.* **I like** *drückt aus, was ich im Allgemeinen gerne mag;* **I'd like** *sagt aus, was ich im Augenblick gerne möchte oder gerne tun würde.*

Ich mag Tee.	**I like** tea.
Ich mag keinen Kaffee.	**I don't like** coffee.
Ich möchte gern Tee bitte.	**I'd like** some tea, please.
Ich möchte keinen Kaffee trinken.	**I wouldn't like to** drink any coffee.

9 Die persönlichen Fürwörter / The personal pronouns — Die besitzanzeigenden Fürwörter / The possessive pronouns

– ***Persönlichen Fürwörter*** *haben im Englischen nur zwei Formen, eine Subjektform (Werfall) und eine Objektform (Wenfall/Wemfall). Sie stehen anstelle von Personen und Hauptwörtern, wobei alle Hauptwörter sächlich sind (*it/they*).*
Die Subjektform fragt nach dem Wer. Einzahl: **I/you/he/she/it***; Mehrzahl:* **we/you/they**.
*Die Objektform fragt nach dem Wen oder Wem. Einzahl: (*for/to/from/with*)* me, you, him, her, it; *Mehrzahl:* us, you, them.
Es gibt keinen Unterschied zwischen du *und* Sie. **You** *bedeutet demzufolge: Einzahl:* du/Sie, dich/Sie, dir/Ihnen; *Mehrzahl:* Ihr/Sie, euch/Ihnen.
– ***Besitzanzeigende Fürwörter*** *zeigen an wem etwas gehört und stehen vor Personen oder Hauptwörtern:* **my/your/his/her/its/our/your/their**.

ich	I	mich/mir	me	mein	my	Can **I** have **my** key, please? – Give it to **me**.
du/Sie	you	dich/dir	you	dein/Ihr	your	Could **you** give me **your** address? – I'll write to **you**.
er	he	ihn/ihm	him	sein	his	**He** travels with **his** wife. – She travels with **him**.
sie	she	sie/ihr	her	ihr	her	**She** can't find **her** suitcase. – Can you help **her**?
es	it	es/ihm	it	sein	its	Where's my bag? – **It**'s in your room. **Its** colour is red.
wir	we	uns	us	unser	our	**We** don't like **our** room. – Can you give **us** a bigger one?
ihr/Sie	you	euch	you	euer/Ihr	your	Are **you** two on **your** first trip to England? – Can I go with **you**?
sie	they	sie/ihnen	them	ihr	their	**They** never travel with **their** children. – I travel with **them**.

0 Die Hilfsverben sein, haben, können, müssen/The auxilliary verbs to be, have got, can, must

	to be	**have (got)**	**can/could** + *verb*	**must** + *verb*
I	**am**	have (got)	can/could have	must change
you	are	have (got)	can/could help	must take
he/she/it	**is**	**has (got)**	can/could visit	must leave
we	are	have (got)	can/could travel	must go
you	are	have (got)	can/could speak	must get off
they	are	have (got)	can/could understand	must wait

*Die Frageform dieser Hilfsverben wird durch Austauschen von Subjekt (***I, you,*** etc) und Verb (***am/are, have/has, can, must****) gebildet. Bei der Verneinung wird not (***I'm not/I haven't got/I can't****) oft in verkürzter Form hinzugefügt.*

		Kurzantworten
Ich bin/komme aus Deutschland.	**I'm** (I am) from Germany.	
Bist du/Sind Sie Franzose?	**Are you** French?	**Yes, I am./**
Ich bin nicht aus Österreich.	**I'm not** from Austria.	**No, I'm not.**
Hast du/Haben Sie Kinder?	**Have you got** any children?	**Yes, I have./ No, I haven't.**
Können Sie Deutsch sprechen?	**Can you** speak German?	**Yes, I can./ No, I can't.**
Könnten Sie mir bitte helfen?	**Could you** help me, please?	
Sie müssen hier aussteigen.	**You must** get off here.	
Sie müssen zwei Mal umsteigen.	**You must** change twice.	

11 Die einfache Gegenwart/The present simple

Die Grundform der Vollverben wird mit **to** *gebildet, z. B.* **to go** *= gehen. Mit Ausnahme der dritten Person Einzahl entsprechen die Formen für alle Personen in bejahenden Aussagen der Grundform. Die dritte Person Einzahl endet immer mit* **-s** *oder* **-es** *und wird nach Zischlauten* [ɪz] *ausgesprochen.*

	to do	to go	to take	to get	to arrive	to leave	to change
I	do	go	take	get	arrive	leave	change
you	do	go	take	get	arrive	leave	change
he/she/it	does	goes	takes	gets	arrives	leaves	changes [ɪz]
we	do	go	take	get	arrive	leave	change
you	do	go	take	get	arrive	leave	change
they	do	go	take	get	arrive	leave	change

Die Frage und die Verneinung der Vollverben in der einfachen Gegenwart wird mit dem Verb **do** *gebildet.*

Nehmen Sie Kreditkarten?	**Do you** take any credit cards?	I'm afraid we **don't**.
Hält der Bus hier?	**Does** the bus stop here?	No, it **doesn't** stop here.
Wann fährt der Zug ab?	When **does** the train leave?	It **leaves** at five. It **doesn't** leave at six.
Wie lange dauert die Reise?	How long **does** the trip take?	It **takes** one hour. It **doesn't** take long.
		Kurzantworten
Sprechen Sie Französisch?	**Do you** speak French?	**Yes, I do./No, I don't.**
Kommt er morgen an?	**Does he** arrive tomorrow?	**Yes, he does./ No, he doesn't.**

12 Die Steigerungsform der Eigenschaftswörter/The comparative form of adjectives

*Um Dinge und Personen zu beschreiben benötigen wir Eigenschaftswörter. Die meisten Eigenschaftswörter stehen vor einem Hauptwort (***a nice car***) oder nach* **be (she is nice***). Die Eigenschaftswörter können wir steigern, um Besseres oder Schöneres zu erbitten oder auszudrücken. Im Englischen wird die Steigerung bei einsilbigen Eigenschaftswörtern, oder bei zweisilbigen mit der Endung* **-y***, durch Anhängen von* **-er***, bei mehrsilbigen Wörtern durch Vorsetzen des Wortes* **more** *gebildet.*

Dieser Mantel ist billig, aber jener ist billiger.	This coat is **cheap**, but that one is **cheaper**.
Diese Bilder sind groß, aber jene sind größer.	These pictures are **big**, but those are **bigger**.
Dies ist klein, aber ich möchte eine kleinere Größe.	This is **small**, but I'd like a **smaller** size.
Französisch ist nicht leicht, Englisch ist leichter.	French isn't **easy**, English is **easier**.
Das Hilton ist teuer, aber das Park Hotel ist teurer.	The Hilton is **expensive**, but the Park is **more expensive**.
Ich möchte etwas Schöneres kaufen.	I'd like to buy something **more beautiful**.

Vorsicht! Nach einem kurzen, betonten Vokal (Selbstlaut) wird der Konsonant (Mitlaut) verdoppelt. Ebenso verändert sich **-y** *am Ende des Wortes zu* **-ier***. Endet das Wort auf* **-e***, wird dieses in der Steigerung weggelassen.*

big	big**ger**	easy	eas**ier**
hot	hot**ter**	nice	nice**r**